职业教育物流类专业产教融合创新教材

快递运营管理

林秋意　编

机械工业出版社

本书内容是编者在调查了当前各大快递企业后，以快递作业流程为线索，根据快递岗位提炼出的典型工作任务。读者通过学习，能够熟悉快递作业流程，准确地掌握各个环节的操作要求，熟练地提高操作技能。

全书共有五个典型任务：快递运营筹备、快件收寄作业、快件处理作业、快件派送作业和快递客户服务。在每一个任务中，包含课程思政内容及数量不等的活动。各种知识点、技能操作点全部包含在活动中，这种寓教于活动中的设计，迎合了学生的学习特点，极大地提升了教学效果，充分将理论与技能有机地结合起来。

本书既可以作为技工院校，中职、高职院校物流类专业学生的教材，也适用于物流企业广大一线快递人员的岗前职业技能培训，丰富员工的理论与技能。

图书在版编目（CIP）数据

快递运营管理 / 林秋意编. — 北京：机械工业出版社，2021.10（2025.1重印）

职业教育物流类专业产教融合创新教材
ISBN 978-7-111-69842-5

Ⅰ. ①快… Ⅱ. ①林… Ⅲ. ①快递—运营管理—职业教育—教材
Ⅳ. ① F618.1

中国版本图书馆CIP数据核字（2021）第253191号

机械工业出版社（北京市百万庄大街22号　邮政编码100037）
策划编辑：宋　华　责任编辑：宋　华　单元花
责任校对：梁　倩　封面设计：鞠　杨
责任印制：郜　敏
北京富资园科技发展有限公司印刷
2025年1月第1版第5次印刷
184mm×260mm·12.75印张·289千字
标准书号：ISBN 978-7-111-69842-5
定价：39.80元

电话服务　　　　　　　　　　网络服务
客服电话：010-88361066　　机　工　官　网：www.cmpbook.com
　　　　　010-88379833　　机　工　官　博：weibo.com/cmp1952
　　　　　010-68326294　　金　书　网：www.golden-book.com
封底无防伪标均为盗版　机工教育服务网：www.cmpedu.com

前　言

本书以快递作业流程为线索，在充分调研后，提炼出快递岗位的五个典型工作任务。在每一典型工作任务中列出了各项基本工作活动，在每一工作活动里有学习目标、工作情境、工作任务、工作准备、工作场所、工作安全、工作步骤等模块，并为每一活动配备相应的习题和活动工作页，单独成册（见《快递运营管理工作页》），让学生在每一次活动中身临其境，认真地履行相应的工作职责，熟练掌握各项技能。

本书有以下几大特点：

1. 课程思政

本书根据最新的教学形势融入课程思政内容，让读者在学习专业知识的同时，在个人思想意识层面有所感悟和提升。

2. 图文并茂

本书配备大量图片，生动形象地讲解了快递业务各知识点与技能点；利用图片的直观性，增强读者对各项业务的认知，从而快速了解和掌握快递业务的作业知识与技能。

3. 教与学同步

本书注重教与学相结合，在系统地介绍各项典型工作任务的同时，为每个工作活动的开展设置详细的操作步骤，而这些步骤需要读者自己通过搜集资料或查找信息方可完成。为突出读者学习的主动性，每个工作任务里留有合适的空间，便于读者在学习过程中及时补充资料。

4. 工学合一

本书特别突出职业技能的培训与掌握。每个工作页都配置真实的工作案例或工作任务，有针对性地为读者提供具体问题的解决范例，让读者真实地体会工作内容，从而实现学习与工作的无缝衔接。

5. 校企合作，双元齐下

本书的教学内容是通过行业调研、企业实践、专家访谈、校企双方筛选提炼典型任务汇编而成，由专业教师和企业行家参与讨论，共同开发的，具有很强的时代感，能近距离地接近快递岗位。

6. 主辅兼顾

本书提供了配套的《快递运营管理工作页》（ISBN：978-7-111-69886-9）。通过练习，读者能够掌握相关的实操要领。另外，本书提供了各个任务活动中的习题解答，也有工作计划表、教案、教学实训、优质课件和参考资讯等完整的教学资源。

本书由林秋意主笔，在编写过程中得到了黄丽红、杨起生、周志涛、古新良、刘伟亮等老师的帮助，还得到了 EMS、顺丰、圆通、中通、汇通、韵达、申通、宅急送等快递企业的大力支持，在此一并致以诚挚的谢意。除此之外，本书在编撰过程中参阅、借鉴了一些国内文献和企业培训资料，在此向其作者们致以衷心的感谢。由于编者经验不足，书中难免有疏漏之处，恳请读者批评指正。

编　者

目 录

任务一　快递运营筹备

中国快递　服务全球

中华人民共和国国家邮政局监测数据显示，2020年12月21日，我国快递年业务量首次突破800亿件，连续7年居世界第一。我国包裹快递数量超过美国、日本和欧洲等发达经济体的包裹快递数量总和，对全球快递业增长贡献率超过50%。我国国际快递业务量年均增速达到了35%。2020年上半年，全国快递服务企业的国际及港澳台地区业务量累计完成7.6亿件，同比增长20.9%，实现了快速增长。

近些年，我国快递行业迅猛发展。数据显示，我国快递物流相关企业年注册量整体呈现平稳增长趋势。以工商登记为准，2020年我国共成立超19.6万家快递物流相关企业，其中包括7家上市快递公司。我国快递业取得瞩目的成就，离不开一大批民族品牌快递企业的努力。例如，中国邮政、顺丰、韵达、中通、申通、百世汇通、圆通、速尔快递等。

中国快递现已通达200多个国家和地区。近年来我国快递企业在积极响应国家"一带一路"倡议，通过设立分支机构、海外仓等方式，加快建设国际快递网络。2020年上半年，民营快递企业先锋顺丰速运开通包括中国至美洲、欧洲以及南亚、东南亚等地区在内的国际全货机航线18条，国际全货机航线总计运量超4万t，快递服务覆盖新加坡、韩国、马来西亚、日本、泰国、越南、蒙古、印尼、印度、柬埔寨、缅甸、文莱、阿联酋、斯里兰卡、孟加拉国、巴基斯坦、菲律宾、美国、加拿大、墨西哥、巴西、澳大利亚、新西兰、俄罗斯以及欧盟各国。

我国快递企业正努力把中国优质的快递服务推向全世界，支撑跨境贸易，保障全球产业供应链的畅通运转。中国快递让全球的消费者和生产者实现"买全球、卖全球"。这是一个大国的担当，也是行业的使命，更是企业的责任。中国快递所带来的"中国速度"，让整个世界都充满着幸福感。

活 动 一　调 研 行 业

学习目标

1. 能简述我国快递行业的发展历程。
2. 能列举三类快递企业的名字。
3. 能说出我国快递行业的现状和存在的问题，并提出有建设性的个人见解。
4. 能搜集资料，了解快递行业的发展动态。

工作情境

报道说"我国快递产业已进入了一个快速发展的周期，是市场需求旺盛、利润丰厚、潜力巨大的行业，未来将成为朝阳产业"。商人李达先生听到这个消息后很感兴趣，想进军这个行业，可他对这个行业一点儿都不了解。假如你是××快递市场专员，试收集整理相关资料，为李先生做行业介绍。

工作任务

任务名称：调研行业
建议课时：2课时

工作准备

请问，你在进行调研行业活动的时候，需要哪些工具？

工作场所

请问，你会在哪些工作场所进行调研行业的活动？

工作安全

请问，你在进行调研行业活动的时候，应该注意哪些事项？

1) 收集行业资料的时候，注意数据的有效性。数据要具有参考价值

2) 分析行业发展趋势与瓶颈，应全面考虑，多角度思考

工作安全

3) 电子商务的兴起对快递行业的发展有利有弊，要辩证地分析

4) 区域经济的发展对快递行业的发展有积极的促进作用，要重点研究

1 快递运营管理

工作步骤

（1）了解一个行业，首先要对这个行业的发展历程有一定的认知。相比欧美国家的快递业，我国快递业起步较晚。我国早期快递业具有哪些特征？

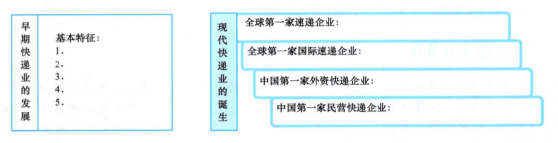

（2）在了解快递行业过去的同时，也要清楚快递行业的发展现状。按照所有制形式来分，我国快递企业主要分为外资快递企业、国有快递企业和民营快递企业三大类市场主体。

快递服务是通过快递网络传递的。所谓快递网络，是指快递企业按照业务流程及业务实际运营的需要设立的一个有机整体。不同快递企业对快递网络的划分层次不同。一般而言，按照网络规模划分，快递服务可分为国际快递、国内异地快递和同城快递三大业务类型。

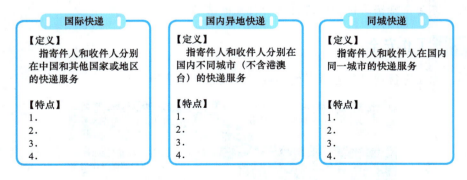

我国快递业务量和快递业务收入增长趋势如下：

中国	2012年	2013年	2014年	2015年	2016年	2017年	2018年	2019年	2020年
快递业务量	57亿件								
快递业务收入	10亿元								

（3）快递业是服务业的重要组成部分，是新兴产业。它加速了地区间经济的联系和沟通，是促进地区经济共同协调发展的纽带和桥梁。目前，我国快递业务主要集中在以下五大经济区域。

珠三角经济区　特点：

环渤海经济区　特点：

海峡两岸经济区　特点：

京津冀经济区　特点：

长三角经济区　特点：

（4）交通运输部前部长杨传堂在 2013 年全国邮政管理工作会议上指出，要用新理念、新技术提升快递服务水平，加快促进快递服务由"劳动密集型"向"技术和劳动密集型"转变，加快促进服务由"粗放型增长"向"集约型发展"转变，全面提升快递服务的自动化和信息化水平，做大行业，做强企业。那么，我国快递行业的未来发展趋势如何呢？

我国快递行业的未来发展趋势

（5）我国快递市场全面开放后，国际快递大举进入，改变了我国快递市场的格局，给我国本土快递企业造成了很大的冲击，带来了很大的挑战。从整个快递行业的发展情况来看，我国快递行业主要存在以下几个问题：

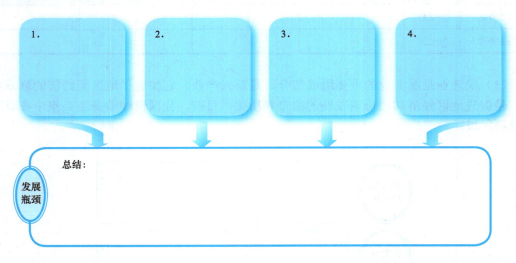

（6）电商行业的兴起，带动本土快递企业快速发展。其中疯狂的"11·11"促销活动，带来了大量的业务。成千上万的快件进入各大快递公司，一时造成快递公司仓库里的快件积压，无法及时处理。面对短暂的暴涨式业务，快递公司又爱又恨。那么，电子商务的发展给快递行业带来哪些影响呢？

活动二　介绍服务

学习目标

1. 能独立办理操作保价件业务。
2. 能独立办理操作回单件业务。
3. 能独立办理操作货到付款件业务。
4. 能向客户简单介绍标准件业务。
5. 能独立办理操作自提件业务。

工作情境

昨天，李达先生听取快递市场专员的行业介绍后，觉得快递行业的未来发展"钱"景还是比较好的。于是便找到了在某著名快递公司担任快递产品开发员的朋友小冬，希望从他那里了解、获取更多的快递服务信息。假如你是小冬，你会为李达先生提供哪些信息？

工作任务

任务名称：介绍服务
建议课时：2课时

工作准备

请问，你在进行介绍快递服务活动的时候，需要哪些工具？

工作场所

请问，你会在哪些工作场所进行介绍快递服务活动？

工作安全

请问，你在进行介绍快递服务活动的时候，应该注意哪些事项？

	工作安全	
1）保价与保险有明显区别		2）快递企业开办代收货款业务，不是收取客户的货款归为己有
3）承诺服务的快件，收费都比较高。在推荐这项服务时，务必向客户说明情况		4）客户自取件时，应核对客户相关信息

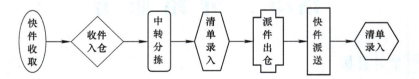

一、标准件收件业务操作

标准件收件业务的具体操作见任务二。

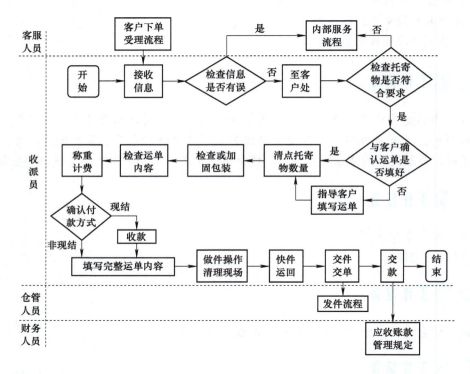

二、保价快件业务操作

（一）保价快件收件操作要求

收派员在接到下单信息后，需要在公司规定的收件时间内赶至客户处收取快件。保价快件的收取与其他快件一样；在收件过程中，针对较重要或价值较高的物品，收派员应提醒客户选择保价服务，并做好说明工作。对于客户保价的物品，收派员必须加强查验。查验的内容包括托寄物内容、数量等，并要求在运单上准确填写托寄物的品名。

小知识

何为保价快件？

（二）保价封贴操作要求

包 装	包装袋、文件封	规则箱体货物	不规则外包装
标 准	封口处，粘贴数量为1张	箱体两面的封口处中间，粘贴数量为上下各一张，合计2张	靠近贴运单处的封口及另一封口，最多粘贴2张
图 示			

请用彩色大头笔标识保价封贴的粘贴位置和数量

（三）收件入仓

保价快件的入仓操作与普通快件相同。

（四）快件装车

在装车交接过程中，操作员需要对保价快件进行重点检查，如果发现保价封贴异常、保价快件外包装破损，就暂时不予上车，并及时将异常情况报知营业部现场负责人；营业部现场负责人将异常情况上报，并按规定处理。

（五）保价快件中转操作要求

1. 中转卸车

（1）操作员按标准流程执行解封车、卸车操作。

（2）操作员在中转卸车时，对包括保价快件在内的所有快件要轻拿轻放，严禁野蛮操作。

（3）运作员需要对进行卸车操作的保价快件重点检查，如发现保价封贴异常、保价快件外包装破损，必须及时报现场负责人，并登记上报。

2. 快件装车

（1）在装车交接过程中，直接装车的保价快件在装车时与其他快件分开摆放，且在不会压坏其他货物的前提下，摆放于其他快件之上。

（2）操作员需对装车的保价快件进行重点检查，如果发现保价封贴异常、保价快件外包装破损，就不予上车，并及时将异常情况报知分拣中心现场值班负责人。

（3）分拣中心现场值班负责人负责将异常情况上报，并按规定对异常情况进行调查处理。

（六）保价快件派送操作要求

1. 派件出仓

仓管员在安排保价快件派送时要注意风险控制，如果一个收派员同一班次有多票（或价值较高）保价快件派送任务时，就需要对派送任务加以调配，如可由司机或其他收派员协助派送等措施；收派员需对派件出仓交接的保价快件进行重点检查，如果发现保价快件外包装或保价封贴破损，可以拒绝接收，由仓管员登记上报，待处理完毕后再出仓派送。

2. 快件派送

（1）保价快件与其他快件一样，派件过程中必须严格执行"小件不离身，大件不离视线"的规定。

（2）收派员在派送保价快件时，需要当面提醒客户检查快件外包装及保价封贴。

（3）客户检查保价快件外包装、保价封贴，确认快件无误后签字验收。当收件人不在，无法亲自签收时，收派员必须与运单上的收件人沟通，进行下一步操作；如果收件人未要求由他人代签收，则收派员将该件带回分点部作为问题件处理。

（4）如果收件人同意由他人代签收，则要求代签收人提供可证明本人身份的合法证件，核实无误后方可代签收。收派员要提醒代签收人在签名后加上"代"字，收派员还要将该证件类型及证件号码填写在运单"备注"栏中；如果代签收人不在或无法提供本人身份的合法证件，则停止派送，将快件带回分点部作为问题件处理。

（七）保价快件异常情况处理办法

1. 外包装和保价封贴异常处理

快件操作各环节需要对上一环节流转的保价快件外包装或保价封贴的完整性进行检查。在发现保价快件外包装或保价封贴破损，箱内托寄物品出现损坏、短少等异常情况时，需及时通知现场值班负责人，由现场值班负责人进行处理。

2. 运单（保价部分内容）填写异常处理

（1）"声明价值""是否保价"不允许修改，如出现错误，需要重新换单。"运费""合计费用""保价费"，其修改方法按现有规定操作。

（2）"实际重量"如果在误差范围内且不影响计费重量的，可不修改；但超过误差范围或影响计费重量的，则按现有规定操作。

三、回单快件业务操作

1. 接收订单信息

收派员收到客服部下发的注明"有回单业务"的收件订单信息。

2. 收件准备

（1）按标准收件流程备好所需工具和物料。

（2）备好回单运单。

3. 现场操作

（1）至客户处按标准收件流程对快件进行操作。

小知识

何为回单快件？

（2）回单运单的填写：

1）将运单上的收寄双方地址对调填写在回单运单上，其他内容无须填写。

2）客户在回单运单备注栏注明回单业务指定的回单签收人或所需加盖的印章类型。

（3）做件：

1）收派员在普通快件运单的备注栏中写上"有回单业务"字样。

2）收派员将快件运单的随货运单、回单运单以及需要签收的回单按照由上至下的顺序摆放并全部放在运单袋内，用胶带牢固地粘贴于快件上，和快件一起寄送给收件方客户，同时须在快件上粘贴回单贴纸。

4. 派送操作

（1）收派员接收到粘贴有回单贴纸的快件时，必须检查回单运单、回单的完整性，如果有异常必须及时交仓管员上报客服部跟进。

（2）按正常的派件流程将快件交付客户签收。

（3）将寄方客户提供且要求收方客户签收的回单交由回单运单备注栏内指定的客户签收或盖章，如果收方客户有需求，还需要配合客户进行快件托寄物数量、内容等检查。

（4）对于签收完毕的回单（需要收方客户签收的单据），收派员必须认真查看回单各联的用途，将收件方联留给快件收件方客户，将需要寄回给寄方客户的回单联保留并进行回单回寄操作。

5. 回单回寄操作

（1）回单运单的填写。收派员将回单运单上的内容填写完整，包括件数、运费、付款方式、收派员工号及收件时间等，并交客户确认签名。

（2）回单回寄。收派员将客户签收好的回单（需要收方客户签收的单据）用回单运单寄回原寄方营业部。

6. 回单派送

回单快件派送操作按正常快件派送流程操作。

7. 费用结算

回单快件必须按照回单业务操作流程来进行，网点之间按照 × 元 / 票结算（广东省内 ×× 千克 / 票以下不收签收回单手续费），严禁回单快件使用到付面单。

概念：

适合对象：

手续办理：

收费标准：

四、货到付款件业务操作

目前，较多快递企业在发展基础业务的同时，推出各类增值业务。所谓增值业务，是指快递企业利用自身优势，在提供基础业务的同时为满足客户特殊需求而提供的延伸服务。随着邮购和电子商务业务的兴起，代收货款业务得到了快速发展。目前，快递企业代收货款服务的业务量也在日益增大。

小知识

何为货到付款件？

1. 货到付款件的揽收

（1）在揽件时，寄件人若要求运费到付，则收派员需要判断所投递目的地是否能够货到付款（到付）（以公司实际公告开通的区域为准）。若能，则正常揽收；若不能，则需向寄件人解释原因，并告知寄件人必须改为现付才能寄送。

（2）揽件公司在揽件时一律使用代收货款或到付专用运单。

2. 货到付款件的进仓理货

（1）各公司应在公司仓库内部划定 COD（Cash On Delivery，货到付款）专区，货到付款件到件后直接分拣到 COD 专区。

（2）各分公司根据所有货到付款件的运单号、到付金额等进行登记，并交于财务部做收款销账管制。

3. 货到付款件的派送

（1）派件员在登记"派件表"时应注意在"备注栏"中标注货到付款件。

（2）对于大金额货到付款件，派件员在派送前应先联系收件人，确认送件时间及是否已经备齐货款。

（3）派送货到付款件时，派件员要坚持"先付款后交货"的原则，根据运单所批注的货到付款金额向收件人收取运费。

（4）遇到收件人拒付或认为价格过高等情况时，应向收件人简要说明常态运费批价规则。若收件人不能接受解释，必须立即通知公司，由公司通过邮件或系统发送消息给揽件公司，根据揽件公司的回复意见来决定下一步的处理动作。

（5）对于货到付款件的派送，在收件人未支付到付运费前，不能将货件交付给客户。

4. 费用结算——到付件手续费

派件网点退总部到付额××%，留存××%，总部返给发件网点到付额××%。代收货款手续费：代收货款单票最高限额×× 元，派件网点留取代收额的 ××‰作为派件手续费（最低×× 元/票），总部留取 ××‰作为结算手续费，最低收取 ×× 元/票。

五、自取件业务操作

1. 收件操作

（1）按正常收件流程收取快件。

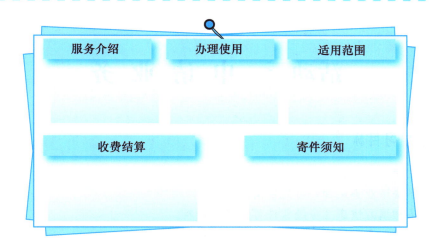

服务介绍	办理使用	适用范围
收费结算		寄件须知

（2）要求寄件客户在公司运单"备注栏"内注明"同意自取"字样，并签名或盖章确认。

（3）"备注栏"内的签名或盖章必须与"寄件人签署或盖章"栏的签名或盖章一致，收派员在运单"备注栏"注明是自取件。

（4）严禁收派员代替或伪造客户签名。

2. 派件操作

（1）自取快件到达目的地营业部。

（2）仓管员通知客户携带有效证件（身份证、暂住证等）前来自取，并告知客户本营业部的详细位置、联系电话。

（3）如果需要其他人员代取，除需要提供代收人有效证件外，还需要提供收件人的有效证件和委托书。

（4）客户到达营业部取件时，仓管员必须主动要求客户出示有效证件。

（5）仓管员核对客户提供的证件。

1）核对无误后，将快件交给客户，并在运单"备注栏"里注明收件人身份证号码，如果非本人取件，就同时注明代收人姓名及身份证号码。

2）证件核对异常，仓管员不得将快件交给客户，必须提醒客户携带有效证件取件。

（6）对客户未在当天自取的快件，由仓管员按滞留件处理流程操作。

（7）对于当日未自取的快件，仓管员次日再次与客户联系确认取件日期。

（8）到件三日还未自取的自取件上报客服部跟进处理。

小知识

1. 快件分类
信件类和包裹类。
2. 快递服务
标准服务和承诺服务。

小知识

市场上常见的承诺服务有：即日达、次日达、次晨达、隔时达等。

1	2	3	4	
快件处理中心在接收快件后，对要求到站自提的快件，通知收件人到站取件	收件人凭有效证件在规定的时间内到站自提	收件人取件时，对到付和代收货款快件，派件员要凭相关单据，向收件人收取相应费用	派件员把相关费用和单据一并交给财务人员，由财务人员留存登记	结束

活动三　申 请 业 务

学习目标

1. 知道主管快递业务经营许可的行政部门。
2. 能说出快递业务经营许可的申请流程。
3. 会准备和填写快递业务经营许可的申请资料。
4. 知道快递业务经营许可的相关文件及规定。

工作情境

经过一段时间的市场调研，决定进军快递行业的李达先生开始筹备自己的快递公司，经营快递业务。经营快递业务需要主管行政部门审批才行。假如你是快递行政专员，试收集整理相关资料，帮助李达先生办理快递业务申请。

工作任务

任务名称：申请业务
建议课时：6课时

工作准备

请问，你在进行申请快递业务经营许可活动的时候，需要哪些工具？

工作场所

请问，你会在哪些工作场所进行申请快递业务经营许可活动？

工作安全

请问，你在进行快递业务经营许可申请活动的时候，应该注意哪些事项？

1）根据自身的经营范围，找对口的快递业务经营许可的行政部门	2）申请快递业务经营许可时，快递公司名称要多取几个，以防因重名导致申请工作中止
3）申请快递业务经营许可之前，务必阅读快递业务经营许可申请流程和审批流程	4）办理申请时，应准备好所有材料，保证所有材料真实有效

（中心：工作安全）

工作步骤

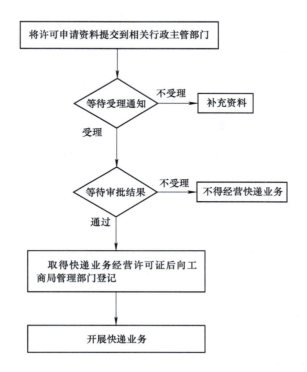

一、阅读快递业务经营许可的法律依据和相关文件

（1）《中华人民共和国邮政法》（1986 年 12 月 2 日主席令六届第 47 号公布，2009 年 4 月 24 日主席令第 12 号第一次修订，2012 年 10 月 26 日主席令第 70 号第一次修正，2015 年 4 月 24 日主席令第 25 号第二次修正）。

（2）《快递业务经营许可管理办法》（2018 年 10 月 22 日，交通运输部公布了修订后的《快递业务经营许可管理办理》，共七章三十六条，自 2019 年 1 月 1 日起施行）。

（3）《快递业务经营许可条件审核规范》（国邮发〔2009〕182 号）。

二、确定申请类别

1. 在省、自治区、直辖市范围内经营

（1）区域界定：在省、自治区、直辖市范围内经营是指企业网络（由从事快递经营活动的分公司、子公司、处理中心以及运输投递线路等组成，下同）覆盖范围在省、自治区、直辖市内。

（2）申请部门：申请在省、自治区、直辖市范围内经营的，应当向_____提出申请。

（3）申请条件：

◆ 具备在省、自治区、直辖市范围内经营快递业务的网络和运递能力。

◆ 经营同城快递业务的，必须提供寄递快件（邮件）的_____服务，经营省内异地快递业务的，除提供上述电话查询服务外，还应当有提供_____的信息网络。

（4）注册资金：在省、自治区、直辖市范围内经营的，注册资本不低于人民币_____万元。

2. 跨省、自治区、直辖市经营

（1）区域界定：跨省、自治区、直辖市经营是指企业网络覆盖范围跨____个以上省、自治区、直辖市。

（2）申请部门：申请跨省、自治区、直辖市经营的，应当向_____提出申请。

（3）申请条件：

◆ 具备与申请经营地域范围相适应的_____和_____。

◆ 有封闭的、面积适宜的_____，符合国务院邮政管理部门及国家安全机关依法履行职责的要求，并配备相应的_____、_____和消防设施。

◆ 有统一的计算机管理系统，有可提供_____的信息网络，并配置符合规定的数据接口，能够根据要求向邮政管理部门提供寄递快件（邮件）的有关数据。

（4）注册资金：跨省、自治区、直辖市经营的，注册资本不低于人民币_____万元。

3. 经营国际快递业务

（1）行政部门：申请经营国际快递业务的，应当向_____提出申请。

（2）申请条件：

◆ 具备经营国际快递业务的网络和运递能力。

◆ 有封闭的、面积适宜的快件（邮件）处理场所，符合国务院邮政管理部门及国家安全机关、海关依法履行职责的要求，并配备相应的处理设备、监控设备和消防设施。

◆ 有统一的计算机管理系统，有可提供寄递快件（邮件）跟踪查询的信息网络，并配置符合规定的数据接口，能够根据要求向邮政管理部门和有关部门提供寄递快件（邮件）的报关数据。

◆ 有获得专业资格的____、____、____人员。

（3）注册资金：经营国际快递业务的，注册资本不低于人民币_____万元。

（4）申请局限：邮政企业以外的经营快递业务的企业（以下称快递企业），不得经营由邮政企业专营的_____寄递业务，不得寄递_____。

三、准备申请资料

快递业务经营许可申请书

企业名称	
企业类型	☐ 有限责任公司　☐ 股份有限公司　☐ 其他

企业性质	☐ 国有控股 ☐ 民营控股	是否含外商投资： ☐ 是　☐ 否
	☐ 外商控股	

统一社会信用代码 （预先核准通知书文号）		注册资本	
注册机关	☐ 国家市场监督管理总局 ☐ _____省/市/区（县）市场监督管理局	注册日期	
营业执照有效期 （预先核准通知书有效期）		法定代表人	
法定代表人身份证号		法定代表人手机号码	
联系人姓名		联系人手机号码	
联系人电子邮箱		固定电话号码	
传真		邮政编码	

注册地址	
通信地址	
申请类别	☐ 省、自治区、直辖市范围内经营 ☐ 跨省、自治区、直辖市范围经营 ☐ 经营国际快递业务
申请经营地域	（附分支机构名录）
经营品牌名称	

本企业在申请过程中提交的所有材料真实有效，谨对此真实性承担责任。

法定代表人签字：

公章：

年　月　日

注：1. 手工填写表格和签字请使用黑色或蓝黑色钢笔、毛笔或签字笔，请勿使用圆珠笔。

2. 注册机关一栏，如在省/市/区（县）登记注册的，需要填写到地市、区（县）名称（如河北省石家庄市、河北省平泉县）。

3. 经营快递业务的分公司（营业部）、子公司、加盟企业名录见附表。

4. 申请经营地域一栏，企业网络覆盖范围跨省、自治区、直辖市的，以省、自治区、直辖市为最低单位填写（如北京、河北、广西等）；企业网络在省、自治区、直辖市范围内的，以地市为最低单位填写（如石家庄、保定等）。

申请报告（申请事项、理由、企业介绍等）

企业名称预核准通知书或者企业法人营业执照及复印件

营 业 执 照

统一社会信用代码 ××××××××××××××

名　　　称　　×××××公司

类　　　型　　有限责任公司

住　　　所　　××市××区××号

法 定 代 表 人　　×××

注 册 资 本　　×××万元整

成 立 日 期　　××××年××月××日

营 业 期 限　　××××年××月××日至××××年××月××日

经 营 范 围　　×××××××、×××××××、×××××××、×
×××××××、×××××××、×××××××、×
×××××××、×××××××、×××××××、×
×××××××、×××××××、×××××××。

登 记 机 关

××××年××月××日

企业信用信息公示系统网址：×××.×××.××.××　　　　中华人民共和国国家工商行政管理总局监制

快递业务经营许可申请书

企业名称			
申请类别	□ 省、自治区、直辖市内经营 □ 开办服务站经营快递业务 □ 跨省、自治区、直辖市经营 □ 经营国际快递业务		
经营品牌名称			
品牌类型	□加盟品牌　□独立品牌		
企业类型	□有限责任公司　□股份有限公司　□其他		
企业性质	□国有控股 □民营控股	是否含外商投资：□是　□否	
	□外商控股		
统一社会信用代码 （预先核准通知书文号）			
工商营业执照有效期 （预先核准通知书有效期）		法定代表人	
法定代表人身份证件		法定代表人手机	
联系人姓名		联系人手机	
联系人电子邮箱		固定电话	
寄递快件的查询网址		寄递快件的查询电话	
传真		邮政编码	
注册资本		机动车辆数量	
企业注册地址			

股权结构	股东名称 （自然人姓名）	注册国家及地区 （自然人国籍）	工商注册号 （身份证号）	参股比例（%）
是否是自贸区	□ 是　　□ 否			
是否符合企业法人条件	□ 是　　□ 否			

与服务范围相适应的经营网点	分公司（营业部）数量：___ 个， 子公司数量：___ 个 加盟企业数量：___ 个	
服务能力	能否按照填报的查询电话、查询网址提供咨询、查询服务	□ 是　□ 否
	是否具备与申请的地域范围相适应的收寄投递场地	□ 是　□ 否
	收寄投递场地是否配备与业务范围相适应的设备、车辆	□ 是　□ 否
	快件处理场所是否配备分拣设备	□ 是　□ 否
	是否具备进行快件分拣、封发、储存、交换、转运的封闭的、面积适宜的处理场地	□ 是　□ 否
	上述处理场地是否配备相应设备、车辆	□ 是　□ 否
	是否具备符合海关要求的处理场地、设施、设备	□ 是　□ 否
服务质量管理制度	是否具备服务种类、服务时限、服务价格等服务承诺	□ 是　□ 否
	是否具备投诉受理办法、赔偿办法等管理制度	□ 是　□ 否
	是否具备业务查询、收寄、分拣、投递等操作规范	□ 是　□ 否
安全保障制度和措施	是否具备从业人员安全、用户信息安全等保障制度	□ 是　□ 否
	是否制定突发事件应急预案	□ 是　□ 否
	是否具备收寄验视、实名收寄等制度	□ 是　□ 否
	是否具备快件安全检查制度	□ 是　□ 否
	是否配备符合国家规定的监控、安检等设备设施	□ 是　□ 否
	是否配备统一的计算机管理系统	□ 是　□ 否
	是否配置符合规定的数据接口	□ 是　□ 否
	是否具备监测、记录计算机管理系统运行状态的技术措施	□ 是　□ 否
	是否具备快递服务信息数据备份和加密措施	□ 是　□ 否

注：1. 若无工商注册号，该栏请填写预先核准通知书文号。
　　2. 请根据企业实际情况，在复选框"□"中画"√"。

经营快递业务的分公司（营业部）名录

序　号	名　称	负责人	联系电话	所在省、自治区、直辖市	机构地址	统一社会信用代码（自然人身份证号）

注：以上各表可以下拉；如企业没有上述情况，就无须填写。

常见错误：

1．分公司名称与分公司营业执照副本载明的公司名称不一致。

2．人员姓名、身份证号填写错误。

3．人员联系方式不是真实有效的联系方式。

4．机构地址与分公司营业执照副本载明的注册地址不一致。

5．营业执照号与分公司营业执照副本载明的执照号不一致。

经营快递业务的子公司名录

序　号	名　称	负责人	联系电话	所在省、自治区、直辖市	机构地址	统一社会信用代码（自然人身份证号）	许可证号

注：以上各表可以下拉；如企业没有上述情况，就无须填写。

常见错误：

1．子公司名称与子公司营业执照副本载明的公司名称不一致。

2．人员姓名、身份证号填写错误。

3．人员联系方式不是真实有效的联系方式。

4．机构地址与子公司营业执照副本载明的注册地址不一致。

5．营业执照号与子公司营业执照副本载明的执照号不一致。

6．许可证号与对应子公司许可证副本载明的许可证号不一致。

企业法定代表人履历表和身份证复印件

1

经营快递业务的分公司（营业部）名录

序　号	名　　称	负责人	联系电话	所在省、自治区、直辖市	机 构 地 址	统一社会信用代码

经营快递业务的子公司名录

序　号	名　　称	负责人	联系电话	所在省、自治区、直辖市	机 构 地 址	统一社会信用代码

经营快递业务的加盟企业名录

序　号	名　　称	负责人	联系电话	所在省、自治区、直辖市	机 构 地 址	统一社会信用代码

注：1. 手工填写表格和签字请使用黑色或蓝黑色钢笔、毛笔或签字笔，请勿使用圆珠笔。

　　2. 以上各表可以下拉；如企业没有上述情况，则无须填写。

处理场所（中心）名录

序　号	名　称	所在省、自治区、直辖市	地　址	场地面积	租用/自有

注：1. 手工填写表格和签字请使用黑色或蓝黑色钢笔、毛笔或签字笔，请勿使用圆珠笔。
　　2. 以上表格可以下拉。

场地使用证明

服务质量管理制度

安全保障制度和措施

加盟合同协议

（加盟企业或被加盟企业填写）

经营代收货款业务安全保障措施

（开办代收货款业务的企业填写）

活动四　管理网点

学习目标

1. 能说出快递网点的业务流程。
2. 能说出网点人员的职业要求。
3. 知道网点各区域的功能。
4. 会操作网点设施设备。

工作情境

　　经过前期筹备工作，李达先生注册申请的路路通快递有限公司已试营业。目前，该公司在城区设立一个网点，想聘请一名主管来负责该网点的日常运作。可李达先生对网点管理毫无工作经验。假如你是快递网点主管，试为李达先生打理该网点。

工作任务

任务名称：管理网点
建议课时：2课时

工作准备

　　请问，你在进行管理网点活动的时候，需要哪些工具？

工作场所

　　请问，你会在哪些工作场所里进行管理快递网点活动？

工作安全

　　请问，你在进行管理快递网点活动的时候，应该注意哪些事项？

1）在规划作业区域时，应事先充分了解作业流程，然后再进行规划设计，以避免空间浪费	2）应根据作业流程，合理设置岗位，然后根据业务量，配备合适的人员
3）网点的设备摆放使用务必以安全、便于操作和管理为宗旨	4）快递行业属于服务行业，员工培训应注重服务意识的提升、服务质量的提高

（中间：工作安全）

工作步骤

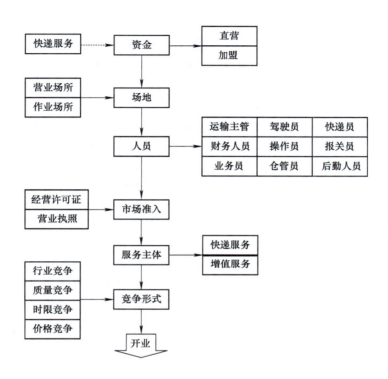

一、业务熟悉

网点经营是否完善，离不开各个活动环节的有序开展。目前各个快递公司网点的活动环节差不多，大体可分为基本活动和辅助活动两类。

1. 基本活动

开办快递服务公司，从事快递业务经营，首先务必清楚快递业务流程。快递业务流程大体分为四大环节，每个环节之间需要密切配合、有效组织，以保证快件传递的动态过程科学、高效。

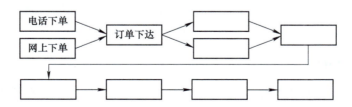

（1）快件收寄。快件收寄是在获得订单后由业务员上门服务，完成从客户处收取快件和收寄信息的过程。快件收寄分为上门揽收和网点收寄两种形式。业务员进行快件收寄时的任务是验视快件、指导客户填写运单和包装快件、计费称重、快件运回、交件交单等。

（2）快件处理。快件处理包括快件分拣、封发两个主要环节。在这个环节，快件处理人员按客户运单填写的地址和收寄信息，将不同流向的快件进行整理、集中，再分拣并封成总包，然后在统一组织、调度和指挥下，按照运输计划，综合利用各种运输工具，将快件迅速、有效地运发往目的地。目前，快件运输方式主要为公路运输和航空运输。

（3）快件派送。快件派送是快递服务的最后一个环节，快件派送分为按址派送和网点自取两种形式。具体工作包括：进行快件交接、选择派送路线、核实用户身份、确认付款方式、提醒客户签收、整理信息和交款等工作。

（4）售后服务。售后服务是快递企业快递服务的延续，是保持或提高消费者可察觉收益的活动。它主要包括：衡量客户满意度，对客户满意度进行追踪调查和评估，是持续改善服务的关键；规划好营销后服务系统，主要是建立客户资料库，以便做到对客户了如指掌，不定期进行意见反馈，为客户提供个性化服务；快件的跟踪查询服务；接受并妥善解决各种快递服务投诉。

2. 辅助活动

（1）整体活动。快递企业的整体活动包括组织机构、财务、法律事务、市场营销、企业文化等。快递企业作为服务型企业，应该创建"服务至上"的快递企业文化。快递企业在服务上的竞争，关键不是服务项目和产品的多少，因为这些都是可以模仿的，而在于服务文化，因为建立和改变快递企业文化需要一段漫长的过程。快递企业法律事务的主要任务是建立、完善法律风险防范机制。

（2）人力资源管理。快递企业的人力资源管理包括人力资源计划、岗位人员配置、人员招聘、人员培训、绩效考核、薪酬制度等。当前我国快递企业在进行员工培训时，可参照"快递服务国家标准"系列和《快递业务员国家职业技能标准》来进行，从工作理念、管理理论、工作技能、服务意识等方面全面提升员工综合素质。更重要的是，我国快递企业应该改进原有的人力资源策略，实现人才的合理流动，实现快递企业的可持续发展。

（3）技术开发。快递企业的技术开发包括管理创新、快递业务开发、信息化建设等。随着我国快递业的竞争加剧，快递企业必须以其快递服务网络为基础，以信息技术为支撑，在传统的"递送"基础上开发出以满足客户多样化需求为目的且附加值较高的服务产品。这就要求快递企业必须配备先进的计算机网络、先进的通信系统、网络 GPS 条码技术及与快递服务相关的系统软件，加快信息管理系统的打造。

（4）采购管理。快递企业的采购管理包括快递物资采购计划、招标购买、存储管理等，其中包括办公设备、物流设施、包装物资等的采购。

二、人员培训

快递网点里任何工作人员都是快递企业的形象代言人，是快递服务的传播者，是客户的服务大使，是快递企业与客户之间沟通的桥梁。快递工作人员直接与客户沟通，他们的精神面貌、言谈举止、业务知识的熟练程度反映一个快递企业的形象和竞争力。

在客户处未经客户允许不得随意就座，坐下时应保持上身挺直，把双腿平行放好，两手自然放在膝盖上面，不得傲慢地把腿向前伸或跷二郎腿。

坐

正式场合或有尊者在座时，不应坐满座位，大体占据其三分之二的位子即可，交谈时，身体微微前倾，不可身靠座位背部。

立

◇ 双脚自然分开，身体正直，腰和胸要挺直，头要抬正。

◇ 要面带微笑，双臂自然下垂，双手贴放于大腿两侧或自然在体前合并。

◇ 站立过久时可以稍息，但双腿不可叉开过大或变换过于频繁。

◇ 女士应挺胸收颔，目视前方，双手自然下垂，叠放相握于腹前，双腿基本并拢。

◇ 站立时不要挡住客户的视线。

行

在通道、走廊行走时要放轻脚步，走右侧的中间位置，在行走时如遇到客户，应主动让客户先行。

行

| 背要直，肩膀放松 | 两腿要站直，挺胸，重心放在腰部 | 下巴微抬，眼睛自然地向前看 | 走路方向在一条直线上 |

情景模拟

走一走

（1）接待客户时：

1）与客户交谈时口齿清晰、音量适中、使用普通话。

2）接待客户是按先来后到的次序，不冷落、不怠慢，若当时工作忙碌，应对招呼不周的客户表示歉意，切勿敷衍了事。

3）答疑时表达要专业、简短、清晰、愉悦。

4）工作中应避免不礼貌的行为。

情景模拟

谈一谈

（2）送别客户时：应避免哪些情况？

1）

2）

3）

4）

"您好/早上好/下午好！我是××公司的收派员"（初次见面或当天第一次见面时使用）

"对不起，请问……"（向客户询问时使用，态度要温和且有礼貌）

"让您久等了"（无论客户等候的时间长短，均应向客户表示歉意）

"麻烦您，请您……"（如需让客户办理手续或事情时，应使用此语）

"不好意思，打扰一下"（当需要打断他人谈话时使用，要注意语气和音量）

"谢谢"或"非常感谢"（对其他人所提供的帮助和支持，均应表示感谢）

情景模拟

说一说

三、场所规划

一般情况下，快递服务企业的服务场所主要分为_____场所和_____场所。

（一）营业场所

营业场所是网点的重要组成部分，是用户寄递快件办理业务的相关场所，是快递服务人员的对外窗口。营业场所的装潢装饰分为加盟与自营两种模式，选择加盟，可由加盟商提供统一的形象设计；作为自创品牌经营者，必须重点突出经营者的预期目标，并重点关注以下几个方面的要求：

（1）企业标志。企业标志不仅仅是一个符号，还是社会影响力的浓缩和延伸，是社会大众据以认知快递企业服务的品牌；除了必须涵盖快递快运含义外，更要突出经营者的经营宗旨和服务价值。

（2）接待大厅。接待大厅是办理各项手续的场所，是服务人员接待客户咨询、承接客户委托的场所；在可能的情况下，应整齐、明亮、统一。

（3）管理区域。管理区域主要指配送服务人员的休息区和行政管理人员的办公区，如财务、库房、档案等办公场所。

（二）作业场所

作业场所是配送中心和集货中心的简化，是货物集中与分散的配送场所，主要划分为文件操作区、物品操作区、问题件存放区，并分成进出港两部分。对于进出港同时操作的公司，进出件要分开场地操作。它主要包括五个服务功能：

1. 储存功能

快递公司的服务对象是为数众多的用户，作业场所的职能和作用就是按照用户的要求将快件收齐、整理，并及时送交到用户手中；为了顺利而有序地完成配送快件的任务，一般情况下，作业场所都要建设现代化的仓库并配置一定数量的仓储设备，并储存一定数量的快件；在某些大型配送中心，不但要在配送快件的过程中存储快件，而且存储的快件数量更大、品种更多。

2. 分拣功能

快递公司的服务对象是为数众多的用户，用户之间存在着很大的差别，不仅各自企业的性质不同，而且经营规模也不一样。因此，不同用户对于快件的种类、规模、数量等会提供不同的要求；面对这种情况，为了有效地进行配送，作业中心必须采用适当的方式对快件进行拣选。

3. 集散功能

在快递公司的日常工作中，配送中心凭借其特殊的地位和所拥有的各种先进设施和设备，能够将分散在各个生产企业的零星快件集中整理，并经过分拣、配装，做到各个用户所需要的多种快件有效地组合在一起，形成经济、合理的货载批量，配送中心在流通实践中所表现出的这种功能也是集散功能。

4. 衔接功能

通过开展快件配送活动，配送中心能把各种工业品和农产品直接运送到用户手中，可以起到生产和消费的媒介作用，这是配送中心衔接功能的一种重要表现。此外，通过计划和存储快件，配送中心又有平衡供求的作用，因此，能有效地解决季节性快件的产需衔接问题。

5. 加工功能

目前，国内许多配送中心都配置了各种加工设备，由此形成了一定的加工能力。加工快件是某些配送中心的重要活动，这些配送组织能够按照用户提出的要求，根据合理配送快件的原则，将组织进来的快件加工成一定规格、尺寸和形状，由此具备了一定的加工功能。

四、设施设备管理

1. 快递营业场所设施设备要求

快递企业宜具有固定的、易识别的营业场所，如搬迁或停业应通过各种渠道和有效方式告知用户，并及时上报邮政管理部门。

快递营业场所应满足以下要求：

1. 有企业标识，并配备必要的服务设施	2. 有符合相关规定的消防设施	3. 有符合相关规定的视频监控设备，做到工作区域全覆盖	4. 在显著位置粘贴《禁寄物品指导目录》

5. 提供各种业务单据和填写样本 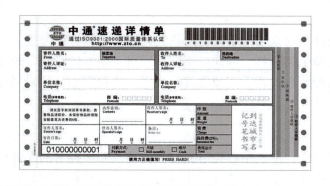			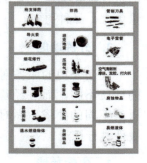
6. 在显著位置悬挂证明快递企业取得合法经营快递业务资格的快递业务经营许可证、营业执照		7. 悬挂场所名称牌和营业时间牌，标牌保持干净、整洁	8. 在显著位置公布：服务种类；服务范围；资费标准；服务承诺；服务电话、电子邮箱和企业网址；监督投诉电话或者电子邮箱

2. 快件处理场所设施设备要求

快递企业设置的处理场所应当封闭且面积适宜；配备相应的符合国家标准的处理设备、监控设备和消防设施；对快件处理场所进行合理分区，并设置异常快件处理区和贵重快件保管区；保持整洁并悬挂企业标识；快件处理场所的设计和建设应当符合国家安全机关和海关依法履行职责的要求。

快件处理场所的面积和设施设备应参照如下标准：

年快件处理量/万件	面积/m²	设 施 设 备
50	不少于200	分拣格、称重台、工具架、托盘、计算机、视频监控系统
500	不少于2000	除上述设备外，还应具备货物搬运设备（如手推车）、条码识读器、安全检查设备（如X光机）
1000	不少于4000	除上述设备外，还应具备门禁系统、半自动皮带输送设备
2000	不少于8000	除上述设备外，还应具备快件半自动或自动分拣系统、远程影像监控系统
3000	不少于10000	除上述设备外，还应具备叉车、快件自动分拣系统、场所统一指挥调度系统
4000万件以上	不少于15000	等同于年处理量为3000万件的处理场所

注：所有快件处理场所面积均不应少于 50m²。

任务二　快件收寄作业

思政快递

环保快递　绿色发展

我们党在发展经济建设的基础上，高度重视生态文明建设，注重绿色发展内涵。习近平总书记提出的"绿水青山就是金山银山"的理念深入人心，全民的绿色环保意识提升，生态文明建设取得显著成绩。

为践行习近平总书记提出的绿色环保发展理念，贯彻落实生态文明建设，快递业作为我国服务业的中坚力量积极参与，国家邮政局作为主管部门多次提出加快绿色快递发展的相关规定及发展战略。2020年，国家邮政局联合其他部门提出《关于加快推进快递包装绿色转型的意见》，加快行业转型升级。

我国快递行业正从各个环节出发，与其他市场主体合力推进快递绿色发展，通过减量化、绿色化、循环化的手段，打响快递包装"绿色革命"。

1. 采用新型材料

菜鸟供应链采用可降解的"生物基环保快递袋"替换塑料快递包装袋，减少了能源消耗。苏宁物流推出"零胶纸箱"，一年节约3.3亿卷胶带。在快递集中转运环节，圆通、韵达、中通等多家快递公司使用"回收环保袋"，取代一次性尼龙袋，减少环境污染；顺丰推行"循环包装盒"，大幅降低包装材料使用量；邮政全面改用可降解包装袋，并提高包装盒质量，便于循环使用。

2. 采用新型模式

菜鸟驿站在全国设立8万多个"回收站点"将以不同形式参与快递包装、纸箱回收。京东推出"共享快递盒",用于3C、母婴、快消易碎商品的自提、送货上门服务,可有效减少纸箱的使用量和商品运输过程中的损耗。

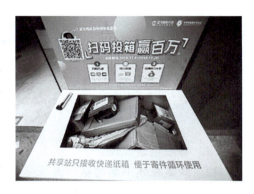

3. 采用新型工具

太阳能快递车的投入使用不仅摆脱了充电的束缚,延长车载电池寿命,助力未来快递行业降本增效,而且更加清洁,更加智能。

4. 采用先进技术

快递企业、电商平台和包装生产企业相配合,通过人工智能计算,根据货品大小、体积匹配合适的包装容器,大大地节约了包装材料,减少了浪费。利用 GPS、大数据、信息化平台等手段,优化配送里程,减少在途时间,能有效降低能源消耗,减少环境污染。

我国快递业持续快速发展,同时绿色环保意识也不断提高。行业内加快绿色环保产品的研发,增加绿色产品供给,培育循环包装新型模式,行业内外协同合作,产业上下游齐心协力,坚信中国快递会为我国生态文明建设做出应有的贡献。

活动一　接　受　订　单

学习目标

1. 善用电话礼仪。
2. 知道在线下单的操作流程。
3. 能独立处理客户的疑问。

工作情境

今天，李达先生的路路通快递公司中山网点正式开张营业。早上9点半左右，有位姓张的客户拨通了公司的服务热线，要求寄件。假如你是该公司新招的快递客服专员，试完成接听客户寄件电话工作。

工作任务

任务名称：接受订单
建议课时：2课时

工作准备

请问，你在进行接受订单活动的时候，需要哪些工具？

工作场所

请问，你会在哪些工作场所里进行接受订单活动？

工作安全

请问，你在进行接受订单活动的时候，应该注意哪些事项？

1）快递客服中心系统正常运转		2）保证客户信息记录无误；不准外泄客户的任何信息
3）在客服过程中，尽量少用行话，配合客户使用大白话	工作安全	4）成功下单后，应及时通知快递员上门取件

工作步骤

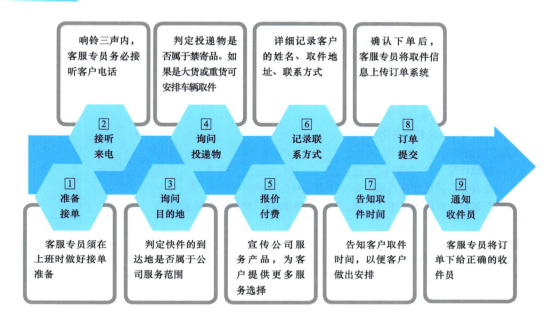

①
准备
接单

客服专员须在上班时做好接单准备

②
接听
来电

响铃三声内，客服专员务必接听客户电话

③
询问
目的地

判定快件的到达地是否属于公司服务范围

④
询问
投递物

判定投递物是否属于禁寄品。如果是大货或重货可安排车辆取件

⑤
报价
付费

宣传公司服务产品，为客户提供更多服务选择

⑥
记录联
系方式

详细记录客户的姓名、取件地址、联系方式

⑦
告知取
件时间

告知客户取件时间，以便客户做出安排

⑧
订单
提交

确认下单后，客服专员将取件信息上传订单系统

⑨
通知
收件员

客服专员将订单下给正确的收件员

活动编号：001

活动名称：准备接单

角　　色：客服专员

操作指导：《客服工作规范》

流程活动说明：

1. 整理个人形象，保持声音清脆。

2. 台面准备些笔和纸，用于记录。

3. 打开客服系统，戴上接听耳机。

① 准备接单

活动编号：002

活动名称：接听客户来电

角　　色：客服专员

操作指导：《电话礼仪》

流程活动说明：

1. 来电响铃三声内必须接听；接听来电务必使用标准流利的普通话。

2. 解答客户业务咨询时，要紧扣主题，语言简洁，不要浪费自己的工作时间，也不要占用对方太多的时间。

3. 接听来电的开头语："您好！＿＿＿＿＿＿＿＿＿＿＿＿＿＿＿＿＿＿。"

② 接听来电

接通来电时的用语： ◇"您好，××速运。"

◇"早上好/下午好、您好，对不起，打扰您了等，我是××速运的取件员，前来收件。"

◇"贵公司×先生/小姐让我来收件。"

（切勿直接说出寄件人的姓名）

活动编号：003

活动名称：询问快件的寄达地

角　　色：客服专员

操作指导：《公司经营服务范围》

流程活动说明：

1. 礼貌地询问客户："请问，＿＿＿＿＿＿＿＿＿＿＿＿？"

2. 判定快件的到达地是否属于公司开通的网点。

3. 对于超出公司服务范围的，建议客户转寄 EMS，费用同邮局邮资。

3 询问 目的地

活动编号：004

活动名称：询问快件的种类

角　　色：客服专员

操作指导：《禁限寄物品名录》

流程活动说明：

1. 礼貌地询问客户："请问，＿＿＿＿＿＿＿＿＿＿＿＿？"

2. 通过询问快件种类，可判定是否为禁寄品，并告知客户，非禁寄品可安排相应取件人员。

3. 如是小件类，由取件员取，如是大货或重货，可安排车辆取件。

4 询问 投递物

活动编号：005

活动名称：报价付费

角　　色：客服专员

操作指导：《收费标准》

流程活动说明：

1. 客户询价时，应按照公司收费标准如实报价，绝不乱报价格。

2. 客户对价格提出异议（如太贵了），应耐心地解答说明。

3. 预备付费方式的相关知识，应对客户对现付[⊜]、到付[⊜]、月结[⊛]等付费方式的疑问。

5 报价 付费

活动编号：006

活动名称：记录联系方式

角　　色：客服专员

操作指导：《下单流程》

流程活动说明：

6 记录联 系方式

○ 凡货物理论积载因数小于 1.1328m³/t 或 40ft³/t（1ft=0.3048m）的货物，称为重货（Heavy Goods）。

○ 现付是指寄件人在寄递快件的同时自行支付快递资费。

○ 到付是指寄件人和收件人商定，由收件人在签收快件时支付快递资费。

○ 月结是指快递公司同客户达成协议，由客户在约定的付款时间按月向快递公司拨付资费。

1. 准确快速地记录客户的联系方式（姓名、取件地址、联系电话）。
2. 记录取件信息后应向客户重复一遍，核对信息是否遗漏或错误。
3. 咨询时常用语："_____，_____？"

活动编号：007
活动名称：告知取件时间
角　　色：客服专员
操作指导：《取件流程》
流程活动说明：
1. 应提前告知客户取件时间，以便客户做出安排。
2. 客户想调整取件时间，客服人员不可马上承诺，应说"_____
_____。"
3. 告知时常用语："_____。"

7
告知取件时间

回答客户咨询时的用语：

◆ 客户："为什么还不来收件？"
◇ 回答："不好意思，我会尽快赶过来。"或者"对不起，给您添麻烦了，我 × 分钟后过来收件。"
◆ 客户："我要寄的件暂时取消。"
◇ 回答："没关系，希望下次能为您服务。"

活动编号：008
活动名称：订单提交
角　　色：客服专员
操作指导：《订单管理流程》
流程活动说明：
1. 将订单信息录入系统，核对录入信息并提交审核。
2. 结束时常用语："_____。"

8
订单提交

活动编号：009
活动名称：通知收件员
角　　色：客服专员
操作指导：《下单流程》
流程活动说明：
1. 客服人员根据《客户下单受理流程》接收到客户的下单信息，并将订单下给正确的收件员。
2. 如遇到收件员人手不够，忙不过来时，应及时通知客户，协商取件时间。

9
通知收件员

情景模拟

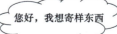

一位家住中山市三乡镇市场对面 35 号的张先生需要快递一份礼品到北京市海淀区。

任务分配：2 人一组
○ 任务角色：客户、客服
○ 对话内容：自定
○ 模拟形式：录音形式

您好，欢迎致电中山路路通快递公司

您好，我想寄样东西

以下为客户与客服中心接线员的对话内容。结合所学知识进行对话排序，并进行简单演练。

A1：您好！欢迎致电××快递公司，很高兴为您服务！请问我能帮到您什么吗？

A2：请问您是寄往北京哪里？

A3：正常情况下，2日之内送达。

A4：按公司收费标准为15元。请问您是现付还是到付？

A5：张先生，请问您的联系电话是什么？

A6：请问先生贵姓？

A7：请留下您取件的详细地址。

A8：我们的取件员在接到客户取件需求信息后，将在1个小时内上门取件，请您静候。

A9：我们的收费标准为：首重（1kg内）15元，续重5元/kg。请问您的玩具多重？

A10：我们会尽快安排收件人员上门取件。

A11：请问，还有什么可以帮到您的吗？

A12：谢谢您对我工作的支持，欢迎您再次来电，祝您工作生活愉快！再见。

B1：您好！我想寄个布仔玩具到北京，麻烦您来取一下。

B2：海淀区，多久能到？

B3：现付。

B4：很轻，应该不到500g。

B5：北京市海淀区。

B6：能否早点儿过来取件，我待会出去。

B7：中山市三乡镇市场对面35号。

B8：好的，谢谢。　　　　　正确对话顺序：

B9：没有。

B10：135××××8077，请问什么时候来取件？

B11：再见。

B12：多少钱？

B13：姓张。

请将对话进行排序

线上下单操作流程（以顺丰速运为例）

第一步，打开微信里顺丰速运+小程序或顺丰速运App，界面会出现"寄内地""寄港澳台""寄国际"3个选项，客户可根据实际情况来选择。我们以内地件为例，单击"寄快递"按钮，要求1小时取件。

第二步，填写寄件人信息和收件人信息，具体包括姓名、电话、详细地址及公司名称（选填）。特别强调，首次寄件必须提供身份证等相关有效证件，确保实名制工作有效落实。

第三步，期待上门时间。客户可根据需求选择合适的时间段，减少等待时间，提高双方的工作效率。

第四步，填写物品信息，并拍照。

第五步，选择付款方式，主要有"寄付现结""到付""寄付月结"3种，客户可自主选择。

第六步，确定收费金额，如没问题的话，单击"下单"按钮。完成以上事项后，等待快递员上门。

活动二　上门取件

学习目标

1. 知道上门服务礼仪。
2. 会独立完成上门取件工作。
3. 能处理上门取件的突发事故。

工作情境

小飞是路路通快递公司中山网点的取件员。今天接到客服专员发来的订单信息后，按照订单提供的取件地址，小飞至客户处。假如你是小飞，试完成上门取件工作。

工作任务

任务名称：上门取件
建议课时：2课时

工作准备

请问，你在进行上门取件活动的时候，需要哪些工具？

工作场所

请问，你会在哪些工作场所进行上门取件活动？

工作安全

请问，你在进行上门取件活动的时候，应该注意哪些事项？

1）取件员接收信息后需及时记录取件清单，并详细记录信息内容，记录接收时间	**工作安全**	2）接到客服中心或客户通知后，应尽快赶到客户处
3）在同一取件时间段，接到同一客户的两次取件通知，应提醒客服中心或客户确认是否为新快件		4）取件员之间不能互相调换取件区域，如需更换取件区域，必须联络客服中心统一调度

工作步骤

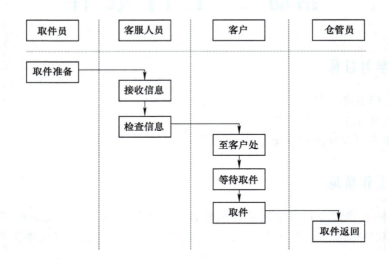

| 取件员 | 客服人员 | 客户 | 仓管员 |

取件准备 → 接收信息 → 检查信息 → 至客户处 → 等待取件 → 取件 → 取件返回

取件准备	1. 作业准备： 2. 运输准备： 3. 单证准备： 4. 形象准备： 5. 业务准备：

接收信息	接收到订单信息后，认真阅读订单信息内容，获取客户信息： 1.　　　　　5. 2.　　　　　6. 3.　　　　　7. 4.　　　　　8.

检查信息	仔细核对订单信息内容： 1. 2. 3. 4.

询问客户具体位置时的用语：

◇ "您好，打扰您了，我是××速运的取件员，现在过来取件，但不知道您的具体位置是在哪？"

◇ "您好，打扰您了，我是××公司的取件员，您是在××大厦A座×楼吗？"

至客户处

1. 合理安排上门取件的_____和_____，在规定的时限内到达客户处。
2. 到达客户处妥善放置交通工具，确保交通工具的安全，且不得阻碍他人，不违章停放。
3. 到达客户处妥善放置已收取的快件，严禁将快件单独放置在_____的地方，不能随身携带的快件保证在 4 米视线范围内。
4. 当前往客户处时，无论客户办公室（住宅）的门是打开的还是关闭的，都应该_____向客户请示。
5. 到达客户处，进门前整理好个人的_____。
6. 见到客户，主动出示_____表明身份，说明来访目的，收取快件。

进门前

遇到异常情况，如车坏、交通意外或不能在预定的服务时限内到达客户所在场所收派件时，应在第一时间通知客户、相关负责人、客服部，做出快速调整或安排其他收派员接替工作，置之不理或无视这种情况将会导致客户的不满和投诉。

在收件时，应妥善存放与保管好交通工具和快件，以免造成客户快件遗失或影响他人。

在进入客户办公室前，要保持衣着整齐和头发整洁，擦去面部和头发上的汗水、雨水、灰尘等。

进入客户场所时，应主动出示工牌，礼貌地与客户处的员工打招呼并进行自我介绍，如"您好！我是××速运的收派员，是来收快件的"。

在客户场所需配合客户公司的要求办理相关出入登记手续，及时归还客户公司的相关证明，如放行条、临时通行证等。

当前往客户办公室（房间）时，无论客户办公室（房间）的门是打开的还是关闭的，都应该按门铃或敲门向客户请示。若按门铃，用食指按门铃，按铃时间不超过 3 秒，等待 5～10 秒后门未开，可再按第二次；若需要敲门，应用食指或中指连续敲门三下，等待 5～10 秒后门未开，可再敲第二次，敲门时，应用力适中，避免将门敲得过响而影响其他人；在等候开门时，应站在距门 1 米处，待客户同意后方可进入。

等待取件

1. 不要左顾右盼。
2. 未经允许不能翻看客户的资料和客户的私人物品，勿接听客户的私人电话。
3. 客户让坐时才可坐，征得客户同意后方可进入洗手间。
4. 在办公场合应保持_____，切勿大声喧哗。
5. 勿在客户处吸烟。
6. 当等待 5 分钟以上时，可以礼貌性地提醒一下客户；若实在赶时间，应告知客户待快件准备好后再过来提。

针对与客户的熟悉程度不同，应采用不同的自我介绍方式。

在客户处

如上门服务次数少于两次（含两次），不认识客户或与客户不熟悉，应面带微笑、目光注视客户，采用标准服务用语，自信、清晰地说："您好，我是××速运取件员，是来为您收件的。"介绍的同时出示工牌。

注：介绍自己的时候要说出自己的姓名，增强客户的安全感，不要只说我是××的。出示工牌时，把有照片的一面朝向客户，停顿2秒，让客户看清楚照片和姓名。

如上门服务次数已经超过两次，与客户很熟悉或属于公司经常服务的客户，可省略自我介绍，但应热情主动地与客户打招呼，并直接表示："您好，×先生/女士，我是来为您收件的。"

当到达客户所在场所，不能马上收取快件时，要态度谦逊、礼貌地上前询问，并视等候时间做出调整，责怪、不耐烦的询问语气只会增加客户的反感而不会得到帮助。

取件

1. 递送物品的原则是尊重他人，双手递物或接物体现出对对方的尊重；若双方相距过远，递物者应主动走近接物者；在递物时，应为对方留出便于接物的空间。
2. 递笔、刀、剪刀之类的物品时，需将_____朝向自己握在手中，而不要指向对方；递书、文件、资料、名片等，字体应正对接受者，要让对方看清。

必须做到"件不离身"，将随身背包摆放在自己的视线内，以防快件的丢失；未经客户允许，不得随意就座或随意走动，不得任意翻看客户处的资料、喝客户处的水或吸烟、随便开玩笑，否则都将会引起客户的反感；在客户场所应遇事礼让，和平共处，对除客户外的相关人员，如客户的同事、朋友应礼让三分，在征得客户同意后，才能进出客户办公场所或其他地方；在客户处的走廊、大厅、电梯里遇到客户处的员工都应主动让路，如确需超越时应说"对不起，麻烦一下"。不要在客户处大声喧哗，不得使用客户的电话，在客户处使用手机时应尽量小声，不得影响到客户及其他人。

取件返回

1. 很多时候客户要寄件都会要求我们留下名片。递交名片时，要用双手的_____指和_____指分别夹住名片的左右端，_____注视对方，面带_____，并可欠一下身，从_____面向对方递出。
2. 收拾好废弃纸屑，告别，轻轻关上门，然后离开。

结束

对于新客户，取件员应主动进行宣传，双手递上公司的宣传资料"×先生/小姐，这是我们公司的宣传资料，有空您可以看一下，希望以后能为您提供更多的服务"。

对于老客户，应及时把公司新开网络和新业务进行介绍，并了解客户对我公司服务的意见和需求，向公司进行反馈。

辞谢时，眼睛一定要看着客户，即使客户背对着你或低着头，也要让对方清楚的听到，让客户感觉到你对他的尊重（但不能影响客户处其他人员）。如"谢谢您了，承蒙关照，希望下次再为您服务"。

主动微笑与客户道别，如"谢谢您选择××公司的服务，如有需要请随时致电我们，再见"，离开办公室时应把门轻轻关上。

2

活动三　验视快件

学习目标

1. 会识别违限禁物品。
2. 能说出验视快件的流程。
3. 能婉言拒绝客户不符合要求的投递物。
4. 会简单处理快件验视异常情况。

工作情境

路路通快递公司取件员小飞到达后，客户张先生拿出所寄物品，分别为1瓶香水、1副动物标本、3条香烟，物品寄往香港，小飞为新晋取件员，对业务还不熟悉。如果你是小飞，你应该如何处理？

工作任务

任务名称：验视快件
建议课时：2课时

工作准备

请问，你在进行验视快件活动的时候，需要哪些工具？

工作场所

请问，你会在哪些工作场所进行验视快件活动？

工作安全

请问，你在进行验视快件活动的时候，应该注意哪些事项？

1) 当面验视用户交寄物品的内件，并且在详情单上加盖验视章

2) 凡国家规定的禁寄物品，一律不予收寄，并婉言拒绝

工作安全

3) 托寄物的实际数量与名称，与运单上所填写的相关信息保持一致

4) 对不能确认安全的物品或寄件人拒绝验视的，不予收寄

工作步骤

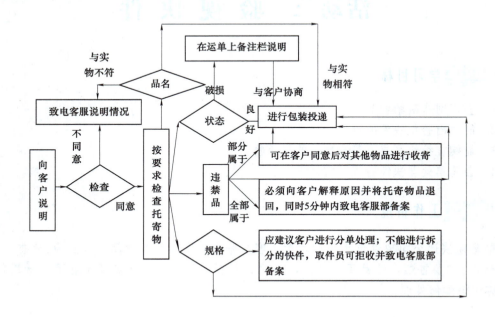

一、收寄验视现场工作流程

注意：验视完的快件不再交给客户，实行验视、封装、收寄一条龙服务！

1. 交寄物品预检

① 如果可以交寄，向用户发详情单

② 如果不可以交寄，向用户解释不能收寄的原因

③ 如果不能识别物品性质，请用户提供相关部门出具的证明

2. 逐项核对详情单

检查详情单各项目填写是否齐全，有无漏项，物品名称和数量是否完整

3. 逐件验视

(1) 食品类
(2) 药品类
(3) 贵重物品
(4) 化工类
(5) 脆弱物品

4. 眼同封装

内件验视合格后，物品逐件装入包装箱中，与用户＿＿＿＿封装。快件封装后在快件封面和详情单空白位置加盖验视戳记

（1）食品类快件的验视

1）
2）

（2）药品类快件的验视

1）
2）
3）

（3）贵重物品快件的验视

1）
2）
3）

（4）化工类快件的验视

1）
2）

（5）脆弱物品快件的验视

1）
2）
3）

二、工作失误及补救方法

收寄及投递工作中可能出现的失误及处理方法：

○　收寄环节发现，不予收寄。

○　经转环节发现，停止转发。

○　投递环节发现，不予投递。

○　对危险品要隔离存放。

对其中易发生危险的物品，应通知公安部门，同时通报国家安全机关，采取措施进行销毁。需要消除污染的，应报请卫生防疫部门处理，其他危险品，可通知寄件人限期领回，对内件中有其他非危险品的应当整理重封，随附证明发寄或通知收件人到投递环节领取。

三、常见客户问题及处理技巧

收寄与投递工作中常见客户问题及相应的处理方式方法：

（1）对不能确认安全的物品，业务员要求＿＿＿＿，但寄件人拒绝验视的，一律＿＿＿＿。

（2）对难以确认的寄递物品，业务员应及时＿＿＿＿进行确认。

（3）国内限量寄递物品，按国务院主管部门制定的有关规定执行。

（4）对可寄物品确认内件是否完好无损，如有破损、残缺的现象予以＿＿＿＿，并在运单上加以说明经客户签字确认。

（5）揽收贵重物品时，必须仔细检查物品的＿＿＿＿、＿＿＿＿，外形是否有破损，同时让客户出示相关的证明。

（6）揽收易碎物品时，要加固包装并粘贴相应的＿＿＿＿。

四、禁寄物品类别及辨识方法	（1）各类武器、弹药_____。　（2）各类_____。 （3）各类易燃品（含液体、气体、固体）。（4）各类_____。 （5）各类放射性元素及容器。 （6）各类_____。 （7）各类麻醉药物。 （8）各类_____。 （9）各种危害国家安全和社会政治稳定以及淫秽的物品。 （10）各种妨害公共卫生的物品。 （11）国家法律、法规、行政规章明令禁止流通、寄递或进出境的物品。 （12）包装不妥，可能危害人身安全、污染或者损毁其他寄递件、设备的物品等。 （13）各寄达国（地区）禁止寄递进口的物品等。 （14）其他禁止寄递的物品。

> **危险品**：在汽运、航空运输中，可能明显地危害人身健康、运输工具的安全或对财产造成损害的物品或物质。

常见隐含危险性的物品：

大　类	可能含有的危险性物品
液体	可能含有易燃物的液体或液化气体
化学品	易燃固体、氧化剂、有机过氧化物、有毒或腐蚀性物质
医用品	可能含有传染性物质、放射性材料、压缩或液化气体、汞、毒性或腐蚀性物质
电器电动设备	可能含有磁性物质或水银、电池等
车辆零部件	可能含有磁性物质、黏合剂、涂料、蓄电器、湿电池等
药品	可能有危险的化学品和有毒物质
机器零件	可能有油性黏合剂、涂料等
私人物品	可能有易燃气体（丁烷、丙烷等）、清洁剂、液态打火机添加剂、黏合剂、漂白剂等
玩具	可能有电池、打火用的易燃物品、黏合剂等

五、验视操作方法	（1）看：是否有禁寄物品或不适合寄的物品。 （2）摸：物品的夹层、衬垫物，衣服的衣兜、衣缝，鞋子的底、帮等部位。 （3）闻：判断有无刺鼻、难闻的液体类化工品。 （4）翻：书本的折页等部位是否夹寄现金、不明粉状物品。 （5）拆：凡不是原包装的袋装物品逐一打开验视。

衬垫物中	鞋子的底部	衣服的衣兜	非原包装的袋装物品

六、验视异常处置

对可疑物品的处置及对可疑人员的处理办法：

（1）对于快件开箱验视，一经发现揽收操作未认真验视，立即处罚500元以上，并追究连带责任。

（2）如果发现站点、工作人员违规收寄、运递禁寄物品，将依法严肃处理责任人和责任单位（站点）。涉嫌违法犯罪的，将移送司法机关，依法追究刑事责任。

（3）依照《中华人民共和国邮政法》第七十五条的规定，严肃处理企业直接负责人和相关责任人，对快递企业，邮政管理部门可以_____直至吊销其快递业务经营许可证。

寄递服务企业对禁寄物品处理办法

（一）企业发现各类武器、弹药等物品，应立即通知公安部门处理，疏散人员，维护现场，同时通报国家安全机关。

（二）企业发现各类放射性物品、生化制品、麻醉药物、传染性物品和烈性毒药，应立即通知防化及公安部门按应急预案处理，同时通报国家安全机关。

（三）企业发现各类易燃易爆等危险物品，收寄环节发现的，不予收寄；经转环节发现的，应停止转发；投递环节发现的，不予投递。对危险品要隔离存放。对其中易发生危害的危险品，应通知公安部门，同时通报国家安全机关，采取措施进行销毁。需要消除污染的，应报请卫生防疫部门处理。其他危险品，可通知寄件人限期领回。对内件中其他非危险品，应当整理重封，随附证明发寄或通知收件人到投递环节领取。

（四）企业发现各种危害国家安全和社会政治稳定以及淫秽的出版物、宣传品、印刷品，应及时通知公安、国家安全和新闻出版部门处理。

（五）企业发现妨害公共卫生的物品和容易腐烂的物品，应视情况通知寄件人限期领回，无法通知寄件人领回的可就地销毁。

（六）企业对包装不妥，可能危害人身安全，污染或损毁其他寄递物品和设备的，收寄环节发现后，应通知寄件人限期领回。经转或投递中发现的，应根据具体情况妥善处理。

（七）企业发现禁止进出境的物品，应移交海关处理。

（八）其他情形，可通知相关政府监管部门处理。

⊃案例

2020年6月初，刘某某与陈某某商议以每克300元的价格购买毒品甲基苯丙胺（冰毒）100g。由陈某某通过×××快递公司从广东省将毒品邮寄至包头市。6月9日上午，刘某某和李某某两个人在回民区某小区门口处提取包裹时，没想到公安人员突然出现，将他们当场抓获，并缴获毒品。

问题：

1. 毒品可能在哪些环节进入快递流通环节？
2. 如果在分拣环节发现含有毒品的快件，该如何处理？
3. 通过这个案例，快递业务员在操作业务时须注意哪些问题？

活 动 四　填 写 运 单

学习目标

1. 知道运单的格式及各联用途。
2. 会指导客户规范填写运单。
3. 能检查客户填写的运单是否完整。
4. 能解答客户针对背书条款的疑问。
5. 会打印运单。

工作情境

经过认真验视后，确定张先生所托寄的物品符合公司投递要求。接下来，业务员小飞告知客户张先生填写快递运单。张先生不知如何填写，请你指导张先生规范填写运单。

工作任务

任务名称：填写运单
建议课时：4课时

工作准备

请问，你在进行填写运单活动的时候，需要哪些工具？

工作场所

请问，你会在哪些工作场所进行填写运单活动？

工作安全

请问，你在进行填写运单活动的时候，应该注意哪些事项？

1）书写应使用黑色或蓝色签字笔，不可使用铅笔	2）指导客户填写运单时，切记勿乱涂改，保证单面工整
3）运单是一种无碳复写纸，不可乱折皱、挤压	4）务必提醒客户阅读背书条款

（工作安全）

工作步骤

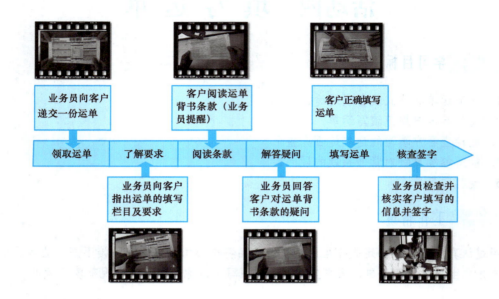

业务员向客户递交一份运单		客户阅读运单背书条款（业务员提醒）		客户正确填写运单	

领取运单　了解要求　阅读条款　解答疑问　填写运单　核查签字

	业务员向客户指出运单的填写栏目及要求		业务员回答客户对运单背书条款的疑问		业务员检查并核实客户填写的信息并签字

一、领取运单

快递运单，又称快件详情单，是用于记录快件原始收寄信息及服务约定的单据。快递运单主要分为国内运单和国际运单。

小知识

运单有何作用？

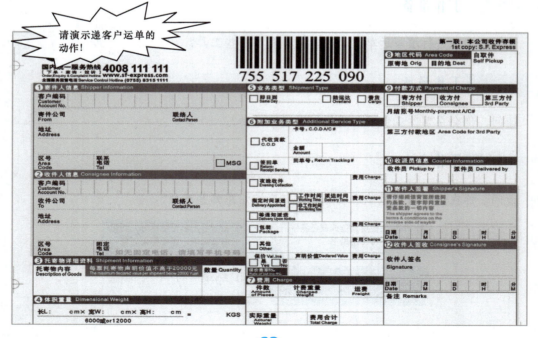

请演示递交客户运单的动作！

二、填写栏目

说明：1．运单粉红色背景部分（用红色边框标识）由客户填写。2．无底色部分由快递公司收派员填写。3．每份运单各联所填写的内容必须保持一致。4．字迹工整，刚劲有力，确保运单各联内容清晰可见。5．数字栏的填写：必须填写在方框内，不得压线或超出方框范围。

三、背书条款

收件员收取快件时必须告知客户：

四、填写要求

序　号	项　目	填 写 要 求	不规范填写带来的问题
1	原寄地代码		（1）不能体现点部的业务状况；（2）财务账目不准确；（3）影响运单准确信息录入，无法通过网络代码校验
2	目的地代码		
3	付款方式	清晰工整有力。如有更改，需按运单填写规定打"○"确认并加盖更改确认章	
4	月结账号	准确、清晰、工整填写10位账号	（1）录入过程中无法通过月结账号校验，影响报关及限时录入，限时扫描；（2）影响客服正常查询；（3）导致客户间"串账"，造成款项无法回收或延误回收
5	收件员工号		
6	派件员工号		
7	寄件日期	规范、清晰、工整，按24小时制用力填写	
8	收件日期		
9	件数	内容无缺省，清晰工整	
10	计费重量	规范、清晰、工整、有力	（1）导致计错运单运费；（2）导致系统运费错误；（3）影响财务收缴营业散单款及月结款；（4）增加其他岗位人员的核对工作量；（5）影响公司形象
11	运费	规范、清晰、工整、有力	
12	寄件栏	内容无缺省，清晰工整	（1）无法录入完整的运单信息和客户信息；（2）影响客服正常查询
13	收件栏	内容无缺省，清晰工整。客户联系电话清晰、准确，不多位少位	
14	寄件人签署		（1）影响公司声誉；（2）影响客服正常查询；（3）影响理赔工作
15	收件人签署		
16	托寄物内容	内容须准确，清晰工整	

五、填写指引

（一）寄件人填写栏目

1. 寄/收件方客户资料

寄/收件方客户资料包括收件公司名称、联络人、地址、电话等。

2. 托寄物详细资料

托寄物详细资料包括托寄物名称、数量、重量、尺寸、价值、规格型号等。

（1）托寄物内容保证单件一致，不允许有笼统字眼，并应注明材质及用途。如不能出现样板、电子零件、五金配件及零件、纸品、塑料或塑料壳等笼统字样。绝不允许出现"文件"性质的名称，如"文件""单证"等，国内件应填写"样办"或"目录"等。

（2）托寄物的数量应填写实际数量并加注最小单位，如"个、件、只、把、片"等。这样做，在投递过程中出现意外时，就能准确判断数量是否缺失，便于快件派送时明确责任。

（3）体积重量一栏只针对轻抛物（实际重量小于体积重量），非轻抛物不需填写。（具体计算，后续将详解）

3. 寄件人签名

签名必须由寄件人本人或者代寄交付人填写，各联一致。无法辨认的签名，询问客户后，在签名旁边用正楷注明，允许英文签名；收派员不得代替客户签名。日期必须由寄件人填写，不得代替填写寄件日期与时间。

收派员记得清点托寄物数量。

（二）收派员填写栏目

1. 业务类

（1）业务类型。只能选择一种，若为标准快递，则不能勾选或填写任何内容，快件类型栏为空；如为即日到，则同时在旁边注明承诺送达时间。

（2）代收货款。"卡号"栏填写代收货款客户的代收货款卡号；"金额"栏填写小写的代收金额，并标明货币符号。代收货款服务费无须填写在运单上。

（3）签回单。将回单运单单号贴纸贴在运单"本公司收件存根"联左上角。

（4）夜晚收件。填写夜晚收件服务费。

（5）指定派送时间。视客户要求而定。

（6）等通知派送。付款方式为寄付时才可选择此项业务，派送时间栏寄件时不需要填写。

（7）包装。根据相关业务规则填写。

（8）其他。根据相关业务规则填写。

2. 费用类

（1）无论客户是否选择保价，收派员必须引导客户如实填写"声明价值"，声明价值填写单票货物的实际价值。客户选择保价，在"是否保价"的选择栏内选"☐ 是"，根据声明价值计算"保价费用"，将"保价费用"填写在"费用"一栏。客户不选保价，在"是否保价"的选择栏内选"☐ 否"，填写声明价值"费用"栏用"—"划掉。

（2）件数。填写该票快件单独包装的数量（即件数），无须填写单位。

（3）实际重量。将货物称重重量填入运单"实际重量"栏内（精确到小数点后一位数），1kg 以上快件必须填写实际重量，1kg 以下快件无须填写实际重量。（重量计算法则：100kg 以内 2 退 3 进，7 退 8 进，100kg 以上四舍五入）

（4）计费重量。填写计算运费的重量，计费重量单位为 kg。

若货物实际重量大于体积重量，则以货物的实际重量确定为计费重量。

若货物体积重量大于实际重量，则以货物的轻抛重量确定为计费重量。

如为子母件时，则遵循"取大优先、大大相加"的原则，即计费重量栏填写的重量为各单件最大重量之和。

（5）运费。填写由计费重量计算得出运费的数值，不需加填任何货币符号，运费按照"四舍五入"计算，如计算的运费为 95.2 元，按 95 元收取；如计算的运费为 95.5 元，按 96 元收取。

（6）费用合计。填写运费与"附加业务类型"中所产生的所有附加服务费用的总和，即费用合计 = 运费 + 附加费用。

3. 地区代码类

（1）原寄地。寄方收件员填写其所在分（点）部的详细代码。

（2）目的地。寄方收件员填写目的地城市代码。快件到达目的地派送后，派件员必须补充填写派件分（点）部详细代码。（注意错标）

（3）自取件。在征得客户同意自取后，由寄方收件员在"自取件"栏内打"✓"，客户需在备注栏注明"同意自取"并签名。

4. 付款方式类

由客户确定具体的付款方式。

（1）寄付现结。在"寄方付"方框内打"✓"。

（2）寄付月结。在"寄方付"方框内打"✓"，并在"月结账号"栏内填写完整有效的 10 位月结账号。

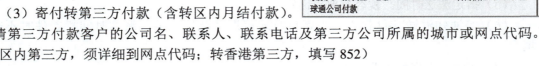

（3）寄付转第三方付款（含转区内月结付款）。写清第三方付款客户的公司名、联系人、联系电话及第三方公司所属的城市或网点代码。（转区内第三方，须详细到网点代码；转香港第三方，填写 852）

5. 收派员签名栏

（1）派件时必须由收件人本人填写签名。代收，则必须写上"代收"字样，如为公司盖章，必须清晰可辨。

（2）"收派员信息"栏应填写收派件人员的工号，逐格填写。

（3）自取件应查看有效证件并在收件人签名旁边注明身份证或相关证件号码。

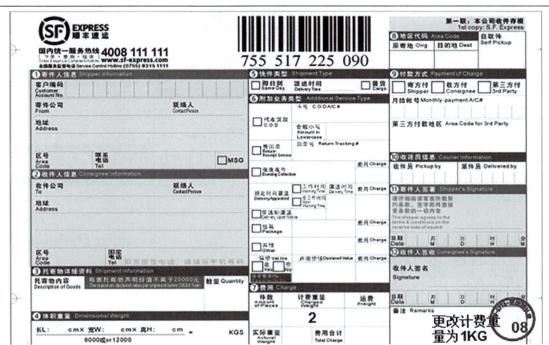

六、检查运单内容

1. 检查要领

（1）检查客户填写的运单，确保运单各联内容清晰可见。

（2）检查客户资料栏是否按照《运单填写规范》的要求填写。

（3）检查客户填写的日期是否正确，客户签名或盖章是否清晰可见。

2. 重点检查

（1）收件客户的地址是否详细，电话是否多位或少位，联络人是否明确等，如果未按要求填写，需要指导客户填写详细。

（2）是否为超范围快件：

1）收件地址超出我司服务区域（地理区域），但收件地址附近有我司服务营业部，应询问客户是否愿意改为自取件，如客户愿意自取，收派员必须严格按照《自取件操作规范》收取快件；如客户不愿意自取或收件地址超出我司服务区域（地理区域），且收件地址附近无我司服务营业部，需向客户致歉并将快件退回，在终端上做异常收件操作。

2）收方客户如果是敏感部门、黑名单客户，应向客户解释并将快件退回，立即用手持终端做异常收件操作备案。

3）检查托寄物资料栏，确认运单上填写的托寄物内容（包括托寄物名称、数量、价值）与检查、清点一致。若不一致，需与客户当面核实后，如实填写运单。

计费重量修改

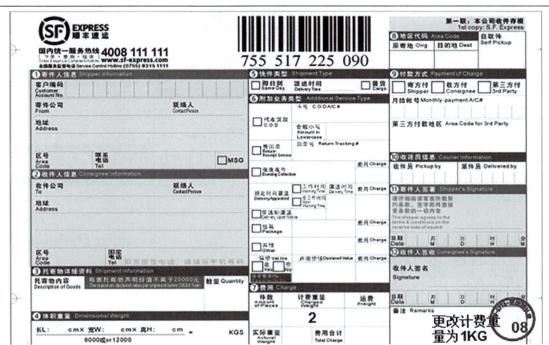

（续）

运费修改

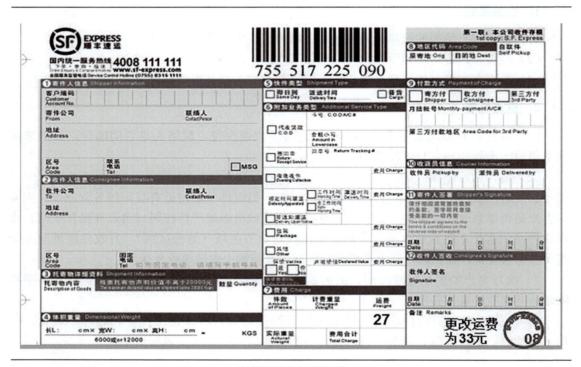

同时修改计费重量和运费

（续）

付款方式到付改寄付月结

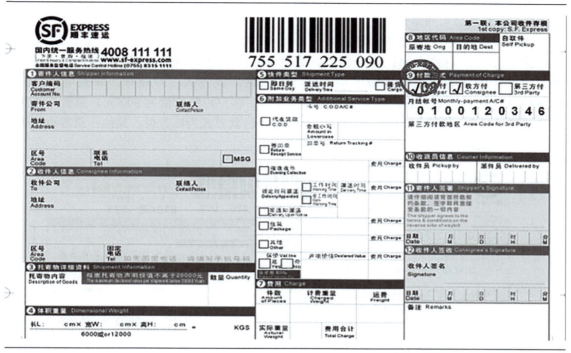

修改寄付月结为寄付现结

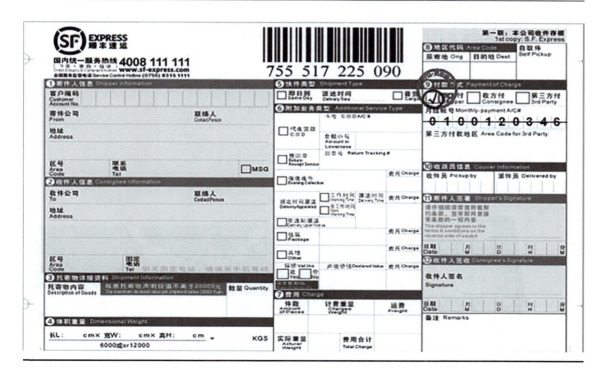

快递运营管理

七、签字交单

将寄件人存根联运单交给寄件客户，告知客户此单为寄件凭证，同时可凭运单号拨打客服热线或登录公司网站查件。

例如，请068068号收派员于5月8日上午9时到达，寄件地址：北京市东城区东单大厦A12-08，寄件公司：六合科贸，寄件人：张国力，联系电话：1381681××××，收件地址：浙江省绍兴市越城区袍江经济开发区。收件人：寿巨峰，联系电话：0575-66257×××，托寄物：棉质男式上衣5件，保价、客户声明价值为800元，重量为3.3kg，包装纸箱长、宽、高分别为60cm、60cm、40cm，付款方式为寄方付。其他：原寄地代码为010AB，月结账号为0102233498，要求次日到达。

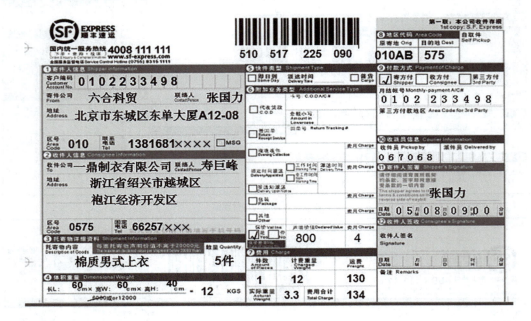

八、面单打印

1. 熟悉面单打印机结构

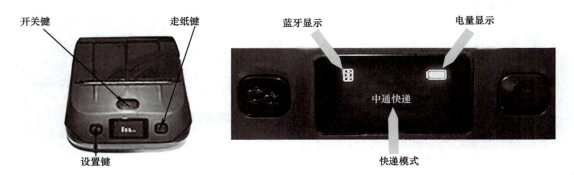

70

2. 纸卷安装

（1）按压纸仓开关，打开纸仓盖	（2）按指示安装纸卷	（3）纸卷放置完毕

3. 手机打开小程序

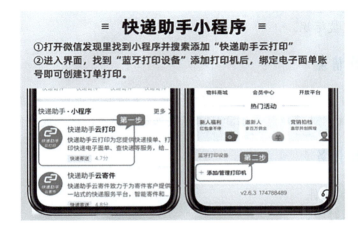

4. 打印面单

活动五　包装快件

学习目标

1. 知道常用包装材料的特性。
2. 能根据内件物的特点，选择合适的包装材料。
3. 能说出各类物品的包装规范。
4. 会规范地使用包装工具。
5. 能识别各包装标识。

工作情境

取件员小飞上门取件验视完毕后，核对快递运单填写无误后，准备对张先生所寄的物品进行适当包装。面对玻璃瓶装香水和标本，假如你是小飞，试完成快件包装工作。

工作任务

任务名称：包装快件
建议课时：6课时

工作准备

请问，你在进行包装快件活动的时候，需要哪些工具？

工作场所

请问，你会在哪些工作场所进行包装快件活动？

工作安全

请问，你在进行包装快件活动的时候，应该注意哪些事项？

1) 包装时若使用二次利用的包装材料，必须注意材料的清洁度、干燥性、牢固程度、可利用性

2) 使用二次利用的包装材料时，必须将原包装材料上的包装标志和标签去掉，以防重新包装后与货物实际情况不符

工作安全

3) 严禁用纸箱包装其实际无法承载的超重物品

4) 如有特殊物品需防震，要用足够厚度的泡沫塑料或其他衬垫材料固定

工作步骤

选择合适的包装材料 → 按规定规范包装快件 → 检查包装完成情况 → 贴上正确的包装标识 → 在合适位置粘贴运单 → 清理包装现场

包装快件流程图

一、选择合适的包装材料

名　称	图　片	作　用	名　称	图　片	作　用

名　称	图　片	特　点	适用范围	包装实例
		经济实用，破坏性喷胶，密封后防水，安全		
		具备一定的承重和承压能力，可以防止快件挤压变形，防晒防水	适用于规则快件的外包装	
		外观结实耐用，尺寸可以按客户要求生产		
		便携，体积小，耐用，防水效果好	适用于各类画卷、档案资料等不可折叠的材料包装	

（续）

名　称	图　片	特　点	适 用 范 围	包装实例
快递信封		操作简便，作为广告宣传载体，有利于公司形象推广		
封箱胶带		胶带强度高，黏性强，缠绕紧，不易断	适用于快件封装加固。通常封箱胶带上都印刷企业的标识，便于企业区分和宣传	

二、按规定规范包装快件

包装规范（一）

【托寄物类别】 普通耐压、柔软、轻薄类物品

● 文件、票证等	● 耐压、柔软衣物	● 幅面大且不能折叠的书画、设计图等
操作：直接装入纸封	操作：请使用塑料包装袋	操作：可卷起后用三角筒封装

说明：以上物品若数量较多，可选择纸箱包装，为了避免发生阴湿或受潮情况，在转入纸箱前先包入塑料袋。对于纸质类的寄递物品，厚度不超过 1cm 的纸质物品，使用文件封进行包装；厚度超过 1cm 且不易破碎、抗压类的书刊、样品等寄递物品，可选择包装袋袋包装

防 潮 保 护

➢ 产品在包装前必须是干燥和清洁的。

➢ 产品有尖突部，并可能损伤防潮阻隔层时，应采取防护措施。

➢ 产品在进行防潮包装的同时，如有其他防护要求时，应按其他专业包装标准的规定采取相应的措施。防止产品在运输中发生移动而采取的填充、支撑和固定物，应尽量放在防潮阻隔层的外部。

➢ 应减小防潮包装的体积。采用透湿度为零或接近零的金属或非金属容器将产品包装后加以密封：

◆ 不加干燥剂。真空包装、充气包装等。

◆ 加干燥剂。一般选用硅胶和蒙脱石。

> 采用较低透水蒸气性的柔性材料，将产品加干燥剂包装，封口密封：
>   ◆　单一柔性薄膜加干燥剂包装。
>   ◆　复合薄膜加干燥剂包装。
>   ◆　多层包装，采用不同的较低透水蒸气性材料进行包装。

包装规范（二）

【托寄物类别】油画、玻璃（带框类）等怕压易损物品

油画	玻璃杯	陶瓷	灯饰

【操作方法】

○　脆弱易碎物品，怕震、怕压物品装箱时，内件与箱板之间要留出 2cm 的空间，用缓冲材料衬垫，空隙处用软质材料充满填实，使货物不能在箱中晃动。

○　为防止表面、框体不受损伤，用泡沫板将凹陷及凸起填平，然后用泡沫膜整体包裹。

○　包裹后使用硬纸板进行整体外部捆包，并在平面部位用整块胶合板加强防护，防止尖锐物品刺穿造成破损，然后用泡沫砖或厚纸板折叠后将各个尖角部位包裹起来。多个框体需按照以上步骤单独包裹和保护，不得叠放在一起后一次包装。

○　独立包装完成后装入纸箱，长宽超过纸箱的，可定制木箱。保证四周平面部位距箱体 10cm，框体侧面部位距箱体 5cm 的空隙，使用泡沫颗粒或纸屑等填充材料将空隙填满。

○　最外层包装需在各侧面醒目部位粘贴易碎标签。

○　对于玻璃制品及装入玻璃容器的物品，尽量将其分开后进行包装。

胶带封箱方法

　　使用胶带封纸箱时，先将底部两纸板合拢后，在外部用胶带沿着缝隙粘贴，胶带两侧要长于纸板两端 8cm 并粘贴于箱体侧面；然后用两段胶带，以垂直于已粘贴胶带的方向，分别粘贴于侧面与底面的两个缝隙处，胶带两侧要长于箱体两端 8cm 并粘贴于箱体侧面。封箱时对顶面采用相同方法处理。

井字打包法

○ 凡纸箱任何一边超过 60cm，还需用打包带加固。使用打包带采用"井"字形。

○ 施封锁：不能重复使用。

○ 安全标志：粘贴在外包装的侧立面的适当位置。 手写或原包装箱印制的标志不能代替安全标志。

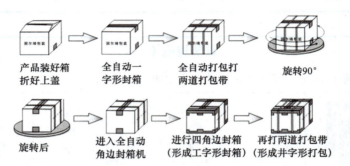

产品装好箱折好上盖 ⟶ 全自动一字形封箱 ⟶ 全自动打包打两道打包带 ⟶ 旋转90°

旋转后 ⟶ 进入全自动角边封箱机 ⟶ 进行四角边封箱（形成工字形封箱）⟶ 再打两道打包带（形成井字形打包）

包装规范（三）

【托寄物类别】家电产品、机电产品、数码产品等易损物品

图片			
家电产品	厨房家电	客厅家电	卫生间家电
图片			
机电产品	生产设备		办公设备
图片			
数码产品	手机	相机	计算机

【操作方法】

○ 对于形状不规则的物品，将不规则部件卸下，在使其不受损伤的情况下用泡沫包装材料进行捆包。

○ 对于无法拆卸的不规则物品，将各部位进行充分包装后装入能够完全容纳该物品的箱内，用泡沫填充物填满后封装，使其固定在箱中而不能晃动。

○ 原则上，内包装箱一边长度超过 50cm 以上的，外包装需用木箱。

○ 如未超过 50cm，可将其装入更大的纸箱，各边留有 5cm 的空隙，并使用泡沫填充材料把空隙填满后封箱。

○ 使用打包机等方式打绕子。

○ 在外包装箱各侧面醒目处粘贴易碎标贴等。

包装规范（四）

【托寄物类别】体积小的物品、较长的易损物品

螺钉	纽扣	鱼竿	球拍

【操作方法】

○ 对体积较小的物品，包装后整个包装的长、宽、高合计不得小于 40cm，最小的一边不得小于 5cm；若小于以上尺寸需将该包装装于塑料袋中，封口后贴运单。

○ 对钓鱼竿、高尔夫球杆等长度较大的易损物品，用三角筒做外包装。

○ 将此类物品用泡沫膜包裹放入三角筒，然后使用填充材料将间隙填满，防止晃动。

○ 若有多个同类物品，原则上可单个包装装入三角筒，也可将完成单个包装的物品捆绑在一起后，装入三角筒并填充实。

○ 在三角筒各侧面醒目处粘贴易碎标贴等。

包装规范（五）

【托寄物类别】液体物品

酒类	洗涤类	饮料类	油漆类

【操作方法】

○ 为了防止因气压变化而引起的泄漏，需将容器尽可能地限制为玻璃容器，避免使用软包装（塑料容器也应避免）。

（续）

○ 容器内部必须留有 5%～10% 的空间，封盖必须严密，防止溢漏。

○ 如用玻璃容器盛装，各容器容量不得超过 500ml。单件货物毛重不超过 25kg。

○ 对每个容器应首先装入双层塑料袋，箱内应使用胶合板等硬质衬垫，最内侧铺吸附材料。

○ 使用泡沫填充物将箱体填满后封箱，防止各容器互相接触和晃动。

○ 将内包装再装入各边有 5cm 左右空隙的大箱子，并用泡沫填充物把空隙填满后封箱。不使用硬质材料垫衬的情况下，需使用更为坚固的木箱。

○ 在外包装箱各侧面醒目处粘贴易碎标贴等。

包装规范（六）

【托寄物类别】贵重物品

【操作方法】

○ 手机、数码摄像/照相机、录音笔、蓝牙耳机、DVD 播放器等必须按照贵重物品操作规范操作。

○ 代收货款金额超过 1000 元/票必须按照贵重物品操作规范操作。

○ 贵重物品包装必须保证使用"完好无损"的纸箱、硬质金属包装或者塑料包装箱。

○ 塑料文件袋、纸文件袋等软质包装容器不允许作为贵重物品包装。

○ 签封标贴与封箱带保持垂直（"+"字形），标签必须横跨外包装箱连接处两边，若未横跨视为无效。

○ 保价物品、贵重物品必须按要求执行"单票单件"，对于未执行单票单件的贵重物品，转运站有权滞留该单货件，不予转运。

○ 必须保证手到手交接，否则首先追查揽件公司的责任。

○ 贵重物品标贴上不得出现封箱胶带，否则确认为"二次封箱"——贵重物品操作无效。

○ 严格执行验视制度，不得有一丝妥协，确保货件真实。

○ 必须填写保价物品交接表，交接人员交接签字确认。

○ 签封物品均视为贵重物品。

封箱签使用方法

【封箱签】用于贵重物品的签封

（1）底面封箱口接缝处，骑缝粘贴一个。

（续）

（2）如果正面、上面封箱处没有粘贴运单，就需要再粘贴封箱签。

（3）如果正面有运单，就粘贴在侧面封箱口接缝处。

（4）在胶带外面再粘贴封箱签。

（5）封箱贴个数不少于两个，且封箱贴号码需要记录在运单备注栏内。

三、检查包装完成情况

3.1　包装的原则

（1）根据运输物品的性质、状态和重量，选择对应的包装种类。

（2）包装要坚固、完好、轻便，便于搬运、装卸和码放。

（3）包装外面不能有突出的钉、钩、刺等。

（4）包装要整洁、干燥，没有异味和油渍。

（5）物品应固定在包装箱内，且与箱体间不留空隙，应使用填充物填满。

（6）包装物品间不得相互碰撞，若有间隙可使用填充物填满。

（7）不得用带有碎屑的材料进行包装，如草袋、草绳等。

（8）各类包装货物的重量应限制在承重范围之内。

（9）物品尖锐处需要加厚包裹，防止对箱体等包装物造成破坏。

（10）包装内的衬垫材料（如纸屑等）不能外漏。

（11）重量超过 10kg 的货物都应使用包装带条捆扎。

（12）包装带条应能承受货物的全部重量，并保证提起时不会断开。

3.2　包装规定

国家邮政局颁发的《快递业务操作指导规范》规定：

（1）快件封装时，应当使用符合国家标准和行业标准的快递封装用品。封装时应当充分考虑安全因素，防止快件变形、破裂、损坏、变质；防止快件伤害用户、快递业务员或其他人；防止快件污染或损毁其他快件。

（2）快件封装时，单件重量应当不超过 50kg，任何一边的长度不超过 150cm，长、宽、高三边长度之和不超过 300cm。

（3）信件封装应当使用专用封套，不得打包后作为包裹寄递。包裹封装应当综合考虑寄递物品的性质、状态、体积、重量、路程和运输方式等因素，选用适当的材料妥善包装。印刷品应当平直封装，不得卷寄。

四、贴上正确的包装标识

包 装 标 识

由此吊起 起吊货物时挂链条的位置	**此处不能卡夹** 表明装卸货物时此处不能用夹钳夹持	**重心** 表明一个单元货物的重心	**禁用手钩** 搬运运输包装件时禁用手钩
温度极限 表明运输包装件应该保持的温度极限	**由此夹起** 表明装运货物时夹钳放置的位置	**怕雨/怕潮** 包装件怕雨淋	**易碎物品** 运输包装件内装有易碎品,因此搬运时应小心轻放
禁止堆码 该包装件不能堆码并且其上也不能放置其他负载物	**禁用叉车** 不能用升降叉车搬运的包装件	**怕辐射** 包装物品一旦受辐射便会完全变质或损坏	**向上** 表明运输包装件的正确位置是竖直向上
堆码层数极限 相同包装的最大堆码层数,n表示层数极限	**此面禁用手推车** 搬运货物时此面禁用手推车	**怕晒** 表明运输包装件不能直接照晒	**禁止翻滚** 不能翻滚运输包装件

五、在合适位置粘贴运单

运 单 贴 法

➤ 包裹的正面需要粘贴运单。

➤ 外形规则的快件将运单粘贴在货物正面上方。

➤ 外形不规则的快件将运单粘贴在快件表面醒目且平整的位置,以便于扫描和分拣操作。

➤ 填写好的分运单应粘贴于纸封封口之上,起到辅助加固的作用。(如右图)

说明:保证封口正常合拢粘贴,物品不得外露或捆绑 / 粘贴于包装外部。

六、清理包装现场

现 场 清 理

(1)将结账联装进背包或拷包指定位置;其他各联运单为随货运单。

(2)用大头笔在随货运单的左上角标明快件的目的地名称。

(3)用大头笔在快件外表面指定的位置写上运单单号,并粘贴运单。

(4)根据快件的类别等选用相应的贴纸粘贴在快件上指定的位置。

(5)清理做件现场,与客户道别:

（续）

> ➤ 包装材料。收回多余的包装材料，无法再利用的包装材料，可投递到废弃物指定地进行统一处理。
> ➤ 包装工具。将包装工具归位；检查包装工具是否遗漏。
> ➤ 包装标识。清理废弃的包装标识，不可随意丢弃。若在客户处，未经客户同意，不得私自放在客户处的垃圾筒。
> ➤ 包装场地。清理地面的纸屑和细小杂物等。无论是在客户处还是网点，快件包装完务必保障场地整洁。

活 动 六 称 重 计 费

学习目标

1. 会使用简易称重工具。
2. 知道收费标准。
3. 能独立核算资费。
4. 能解答客户对支付方式的疑问。

工作情境

张先生邮寄三样物品到香港，要求当天到，那费用是多少。假如你是路路通快递公司的业务员，请你试完成该件的计费工作。

工作任务

任务名称：称重计费
建议课时：4课时

工作准备

请问，你在进行称重计费活动的时候，需要哪些工具？

工作场所

请问，你会在哪些工作场所进行称重计费活动？

工作安全

请问，你在进行称重计费活动的时候，应该注意哪些事项？

1) 保价快件的重量必须精确到小数点后两位	**工作安全**	2) 计费重量以0.5kg为计算单位，不足0.5kg小数位部分进位至下一个0.5kg
3) 各交接环节必须进行重量复核，确保从收取到派送整个过程的快件安全		4) 计算如：1.1～1.4kg按1.5kg计费，1.6～1.9kg按2.0kg计费

工作步骤

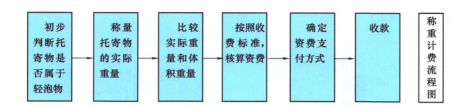

| 初步判断托寄物是否属于轻泡物 | 称量托寄物的实际重量 | 比较实际重量和体积重量 | 按照收费标准，核算资费 | 确定资费支付方式 | 收款 | 称重计费流程图 |

一、初步判断托寄物是否属于轻泡物

何为轻泡物

说法一：指每立方米体积重量不足 333kg 的货物。其体积按货物（有包装的按货物包装）外廓最高、最长、最宽部位尺寸计算（公路运输）

说法二：凡 1kg 重的货物，体积超过 $0.004m^3$ 的为轻泡货物或尺码货物（Measurement Cargo）

说法三：物流中货物的体积重量大于实际重量的货物，体积重量 = 长 × 宽 × 高 ÷ 6000，长度单位：cm（航空运输）

二、称量托寄物的实际重量

1. 便携式手提电子秤

特点：＿＿＿＿＿＿，＿＿＿＿＿＿，＿＿＿＿＿＿，误差较大。

使用注意事项：

➤ 每次开机自检时，手提电子秤应处于稳定状态。

➤ 在使用中应尽量避免猛烈碰撞和冲击。

> **温馨提示**
> 如在客户处无法完成称重操作，可在征求客户同意的前提下，带回营业部称重计费，并及时将重量及运费信息反馈给客户。

➤ 若显示电量不足标志时，请及时更换电池。

➤ 如果手提电子秤长期不使用，应取出电池，以免因电池漏液而损坏电路。

2. 电子计重秤

特点：＿＿＿＿＿＿，＿＿＿＿＿＿，＿＿＿＿＿＿，业务网点常使用。

使用注意事项：

➤ 不要超过最大称量范围，如果负载过重，会损坏设备。

➤ 在室温下使用，不要放在过冷或者过热的环境中。

➤ 放在清洁的环境中，灰尘、泥土、潮湿、震动、气流以及置于电器附近都会影响设备的精度。

➤ 避免剧烈摇晃、落地或震动设备，确保设备的精准。

 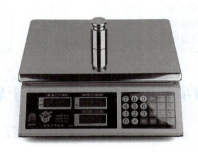

3. 叉车电子秤

特点：＿＿＿＿＿＿，＿＿＿＿＿＿，＿＿＿＿＿＿，称量精度高，性能稳定，广泛应用于货场及物流仓储的小宗物品的移动过程称量。

使用注意事项：

➤ 叉车电子秤在使用时应做预热，提升动臂 5～10 次，使油压及传感器预热到正常工作温度。

➤ 操作中翻斗提升时，首先应控制动臂的操纵杆在极后位置，即翻斗处于最后端。

➤ 动臂系统应进行严格润滑，减少动臂的摩擦系数。

➤ 选择在较平坦的地面上进行称重。

➤ 提升动臂的过程应速度平稳。

➤ 车载停止行驶的情况下置零较好。

➤ 称重过程避免车载行驶，如需行驶，应控制车速在 10km/h 左右。

➤ 如配备多个翻斗，称重时必须校正所使用的翻斗。

➤ 电子秤开机前先起动车载，电子秤关闭后再关闭车载电源。

➤ 清洗时避免水流入仪表，避免损坏。

三、比较实际重量和体积重量

实际重量	体积重量	计费重量
定义：	定义：	定义：
种类：分为毛重和净重	计算公式：最长（cm）×最宽（cm）×最高（cm）/6000cm³	

例1：求该件吉他（如左图所示）的体积重量。

体积重量＝长×宽×高/6000cm³

           =95cm×36cm×8.5cm/6000cm³

           ≈4.85kg

比较该件吉他的体积重量与实际重量，您发现了什么？

练习1：求小号台灯的体积重量。

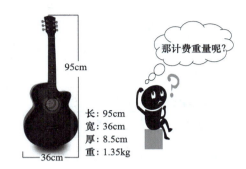

长：95cm
宽：36cm
厚：8.5cm
重：1.35kg

那计费重量呢？

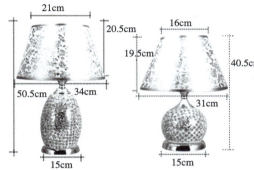

【品名】粉妆银砌
【型号】U979
【尺寸】大号：高50.5cm；灯罩上直径21cm；底座直径15cm
　　　　小号：高40.5cm；灯罩上直径16cm；底座直径15cm
【品牌】优丽美家
【重量】2.16kg 左右（不含包装）

四、按照收费标准，核算资费

1. 首重与续重

通常，快件资费分为首重运费和续重运费。目前，大多数快递企业都以第一个0.5kg或1kg为首重（或起重），每增加0.5kg为一个续重。通常首重的费用相对续重费用较高。

> **温馨提示**
>
> 将运费填写在运单上的相应位置。

2. 通用运费计算公式

快递运费计算公式：运费＝首重运费＋续重计费重量×续重费率

某快递公司费用查询资费类别					
	寄达地区	一 区	二 区	三 区	广东省内
费用查询资费类别	邮费标准	河南、安徽 江苏、上海 湖北、浙江 江西、湖南 福建、四川 重庆、贵州 广西、云南、海南	北京、天津 河北、山东 山西、陕西 宁夏、甘肃 内蒙古、青海	辽宁、吉林 新疆、西藏 黑龙江	珠江三角洲　省内互寄

（续）

某快递公司费用查询资费类别						
	寄达地区	一 区	二 区	三 区	广东省内	
基本资费	首重	10 元	12 元	14 元	6 元	8 元
	1~500g					
	续重	5 元	6 元	6 元	2 元	3 元
	501~40000g					
深圳机场服务费	信函、文件	0.2 元 / 件	0.2 元 / 件	0.2 元 / 件	免收	
	包裹物品	0.5 元 /mg	0.5 元 /mg	0.5 元 /mg		
保价费	每件	按填报保价金额的 1% 收取，最低收 1 元（保价以自愿为原则，声明不保价的不收取）				
备注	* 对于保价金额大于 300 元的邮件，客户可以自由选择使用邮包保险业务或邮政保价业务，邮包保险业务资费为：保险金额 × 0.5%					
	* 泛珠三角范围包括：深圳、广州、珠海、东莞、中山、江门、佛山、惠州八市及其他所属市、县局					

例 2： 家住陕西的黄先生邮寄 5kg 家乡特产给广州的朋友。根据某快递公司提供的收费标准：首重（0.5kg）10 元、续重 7 元，请核算资费。

运费 = 首重运费 + 续重计费重量 × 续重费率 =10+9×7=73（元）

练习 2： 在广东中山工作的王小姐托新疆的朋友李先生购买了 4.8kg 和田枣。李先生通过某快递公司邮寄给她。某快递公司提供的收费标准：首重（1kg）14 元，续重 6 元。请问，李先生应支付多少资费。

3. 国内各快递企业在计算快件资费时采取的方法

（1）以重量为基础，实施"取大"的方法。计费重量选择实际重量和体积重量两者之中较高者。

计算步骤：

1）计算体积重量。
2）比较体积重量和实际重量。
3）按通用公式计算运费。

例 3： 一个从中山寄往北京的快件，采用纸箱包装，纸箱的长宽高分别为 54cm、45cm、22cm，该快件实际重量为 6.3kg。请根据下面某快递企业的收费标准计算其资费。

区 间	首重 500g/ 元	续重 / 元
中山—北京	15	8

体积重量 = 长 × 宽 × 高 $/6000cm^3=54cm×45cm×22cm/6000cm^3=9kg$

体积重量（9kg）> 实际重量（6.3kg），估计费重量为9kg。

运费 $=15+17×8=151$（元）

练习3：一个从珠海寄往广州的快件，采用纸箱包装，纸箱的长宽高分别为74cm、15cm、12cm，该快件实际重量为4.7kg。请根据下面某快递企业的收费标准计算其资费。

区　间	首重500g/元	续重 / 元
珠海—广州	8	5

（2）以时效为依据，体现"快速高价"。在一定的重量基础上，对于不同时效的产品可以采用不同的价格。

例4：在深圳玩具公司工作的李先生，今天下午接到上海客户的来电，要求明天早晨收到其玩具样品，该样品实际重量为2.4kg。请参照练习4的收费标准，计算其资费。

步骤：

第一步：确定目的地（上海）。

第二步：选择时效类型（午收晨到）。

第三步：确定首重运费（22元）和续重费率（14元）。

第四步：计费 $=22+14×2=50$（元）

练习4：来自深圳的王小姐是淘宝网的卖家，专卖不锈钢水龙头。今天上午来自北京海淀区的客户订了1个精品水龙头，要求明天中午到货。该水龙头尺寸如下表所示，实际重量为0.5kg。参照下表，计算其资费。

始 发 地	目 的 地	时 效 类 型	首重/1kg	1.1～50 /1kg	50.1～100 /1kg	E款尺寸图
深圳	上海、杭州、苏州、无锡、常州、嘉兴	晨收晨到	20	14	12	
		午收晨到	22	14	12	12cm
		夜收晨到	25	14	12	27cm
		晨收午到	18	13	11	20cm 20cm 4.5cm
		午收午到	20	13	11	5cm 2cm
		夜收晨到	22	13	11	资费：
	天津、北京、河北	晨收晨到	20	16	14	
		午收晨到	22	16	14	
		夜收晨到	25	16	14	
		晨收午到	18	14	12	
		午收午到	20	14	12	
		夜收晨到	22	14	12	

五、确定资费支付方式

收派员与客户确认付款方式，并由收派员在运单上进行填写 。

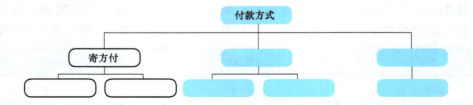

六、收款

如客户选择寄付现结，则向客户收取运费。

（1）现金结算。需注意钞票的真假。

（2）支票付款。在收取支票时要注意识别公司名是否准确、完整，印章、数字是否清晰正确，支票不要折叠，涂改无效，支票有效期限为 10 天，收到支票需要检查日期是否过期，并及时上交财务。

活动七 交接管理

学习目标

1. 知道收寄清单的填写内容及作用。
2. 能独立完成手工登单工作。
3. 能用规范大字书写。
4. 能说出款件交接的流程。

工作情境

成功取件返回就近营业网点后，取件员根据快件的类型进行分类，按照公司有关规定进行整理，然后与网点仓管员进行快件交接工作。假如你是该网点仓管员小双，试完成快件交接管理工作。

工作任务

任务名称：交接管理
建议课时：2课时

工作准备

请问，你在进行交接管理活动的时候，需要哪些工具？

工作场所

请问，你会在哪些工作场所进行交接管理活动？

工作安全

请问，你在进行交接管理活动的时候，应该注意哪些事项？

1）如检查有异常，必须与营业网点的人员（至少两人同时在场）在摄像头监控下拆开包装，对快件进行检查和重新加固包装	2）手工登单必须注意抄写字迹工整，抄写准确、完整、真实，尽量减少笔误
3）所有的营业款项必须在当日规定时间内完成结清工作，不得将款项留给快递员	4）交接过程中发现有害物质泄漏，应做好防护措施，确保生命安全

工作安全

工作步骤

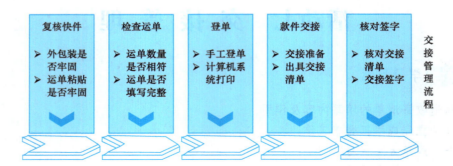

复核快件	检查运单	登单	款件交接	核对签字	交
➤ 外包装是否牢固 ➤ 运单粘贴是否牢固	➤ 运单数量是否相符 ➤ 运单是否填写完整	➤ 手工登单 ➤ 计算机系统打印	➤ 交接准备 ➤ 出具交接清单	➤ 核对交接清单 ➤ 交接签字	接管理流程

一、复核快件

快件必须在规定的时间内带回营业部。车辆运输途中要确保关好车门；摩托车和单车运输要保证小件入包，大件捆绑牢固，易碎品妥善放置，确保快件在运输途中的安全。雨雪天气的快件运输要披好雨具，确保本人和快件不被淋湿。

有时快件在运回营业网点的过程中，由于运输颠簸可能会使快件或运单受损，因此在交接快件和运单之前，必须对快件和运单进行复核，确保快件和运单的完好，且两者相符。

1. 检查快件外包装是否牢固

看		各交接环节对于拿到手的快件，应检查外包装是否有明显破损或撕裂。若有明显破损或撕裂，应按规定程序进行检查，不可让其继续流向下一个环节。如果经检查只是外包装破损，就必须进行重新包装	
搬		搬动一下快件，看是否有重心严重偏向一边或一角的现象，如果有，就需要打开包装重新定位寄递物品在包装内的位置	
听		用手摇晃快件，听是否有声音。如果有异常的声音等，就需打开包装检查，不可放任不管，致使尖锐物在包装内窜动划伤快件	
感		用手晃动快件，感觉寄递物品与包装物之间是否有摩擦和碰撞，如果有，就需要打开包装进行充实缓冲	

2. 检查快件上的运单粘贴是否牢固

检查运单的随件联是否缺少，运单是否破损。如果运单缺少或严重破损，就需要重新填写一份运单替代原运单寄递快件。如果重新开单，须及时告知客户重新开单的原因，并把新的单号告知客户，以便客户查询。如胶纸粘贴或运单粘贴不牢固，须使用胶纸重新加固粘贴。

异常情况	图　片	处理方法
运单信息看不清		
运单破损		
运单丢失		
运单粘贴不好		

二、检查运单

1. 核对数量

核对运单数量与快件数量是否相符，一张运单对应一个快件。如果运单数量与快件数量不相符，就必须及时找出数量不符的原因并跟进处理。

异常情况	原　因	处理方法
数量不符	1. 客户错写或漏写 2. 快件丢失、遗漏、被盗	

2. 检查运单是否都已填写完整

要特别注意客户的电话号码、客户签名是否完整正确，运单信息的完整性直接影响快件的信息流。

异常情况	图　片	处理方法
客户的电话号码不清楚或者不全		

（续）

异 常 情 况	图 片	处 理 方 法
客户签名潦草看不清或者无签名		

3. 运单上大字书写

（1）大字一般写"地级市＋县级独立网点名称"，不能只写省份，这样可提高效率，减少延误。但也有特殊情况，如有不常见地址大字写为"地级市＋县"。

1）发往江、浙、皖、鲁、冀，大字必须写"县级"地名。

2）发往沿海沿边地区，如新疆、甘肃、贵州、内蒙古、青海、宁夏、海南，写"地级市"地名。

3）发往直辖市市内的快件，要求大字书写到行政区一级单位。例如，发往上海市，不允许只写"上海"或者"沪"，应写"上海普陀、上海浦东、上海崇明"等。

（2）大字书写不规范产生的责任与处罚如下：

1）因大字书写不规范导致的延误责任由发件方自行承担。

2）大字错写由最后一级中转部上报，按大字错写相关规定进行处罚。

3）打包时，外包大字不能只写地名，应写××市内件、××市中转件等，以便区分。

4）因面单或外包大字写错引起的延误责任和产生的中转费由相关发件网点承担。

（3）举例说明：

1）有独立网点的地区必须写到独立网点。

面 单 地 址	错 写	正 确 书 写
江苏南京高淳区	南京	南京高淳
浙江丽水青田县	青田	浙江青田

2）市级别的地方没有独立网点，必须查清该地区属于哪个网点的派送范围，大字书写该市区所属的独立网点。

面 单 地 址	错 写	正 确 书 写
吉林图们市	吉林图们	吉林延吉
辽宁丹东东港市	东港	辽宁丹东

3）业务员上门收件时，应尽量要求发件客户把收件人地址写得准确详细，以避免大字错写。

面 单 地 址	错 写	正 确 书 写
广东江门鹤山市	鹤岗	广东江门
河南鹤壁鹤山区	鹤岗	河南鹤壁

4）大字书写一定要认真，字体要工整、清晰。

面 单 地 址	错 写	正 确 书 写
黑龙江大庆市	大广	黑龙江大庆
青海西宁市	西字	青海西宁

5）安徽省巢湖市现已更改为合肥居巢区，但快件仍由巢湖网点公司做派送，因此特别规定到合肥居巢区（巢湖）的快件大字仍书写为巢湖。

面 单 地 址	错 写	正 确 书 写
安徽巢湖（合肥居巢区）	合肥	安徽巢湖

6）个别由邻省中转的快件，大字应写为所属网点名称。

面 单 地 址	错 写	正 确 书 写
河南周口市鹿邑县	徐州	安徽亳州
江苏淮安楚州区	淮安	楚州

三、登单

登单是指业务员收取快件之后，必须在固定的清单样式上登记快件信息。

登记的内容包括快件的运单号、重量、付款方式、目的地、日期以及相关责任人的姓名和代码等。

收寄清单样式

序　号	运单号	重　量	付款方式	目 的 地	日　期	时　间	收件员姓名	备　注
1								
2								
3								
4								
5								
6								
7								
8								
9								
10								

备注：收寄清单一般为一式两联，抄写完毕后，将其中一联交给处理人员，另一联交给业务员留底保管。

登单方式

方　式	手 工 登 单	计算机系统打印
定义	快递企业提供专门的清单样式，业务员按照样式中的要求将快件信息抄写在清单的相应位置	在快递企业的操作系统中设计特定的清单样式，处理人员对业务员交回的快件和运单扫描完毕后，将数据上传至计算机系统，再通过计算机系统把业务员的收件快件信息打印出来
特点	1. 易出现笔误 2. 当快件量少时，可通过手工抄写，但是随着快件量的增长，手工抄写耗费的时间和精力会不断增加，且手工抄写容易出现错误。手工抄写还存在字迹不清或潦草的情况	1. 可节约业务员的操作时间，把更多的时间留给收取快件 2. 系统打印的准确率高 3. 可满足快件量大时对信息处理的需求，信息清楚，系统打印的内容较手工填写的清楚、易辨

四、款件交接

项 目	快件交接	营业款交接
定 义	取件员把当天所收取的各类快件移交给快递企业指定的业务员	业务员把当天所收取的各类资费移交给快递企业指定的财务人员
交接内容	信件、包裹、运单等	预付资费、代收货款、关税等
交接时限	同城快件以及邻近城市的异地快件应于本日分拣工作结束前送至中转站。对于采用航空、火车、轮船运输的快件，必须为快件分拣，快件运送飞机场、火车站等环节预留充足的时间。如果快件类型包括同城快递、异地快递和国际快递，快递人员应于每日中午、晚上某个时间前将快件交至分拣中心	业务员与财务人员之间的营业款交接都是小金额交接，须当日结清。快递企业都规定了每日的交接时间，业务员须在规定的结算时间之前将当日的营业款移交给财务人员。营业款移交不得延误，不得留在业务员处过夜。如某公司规定结算时间为18:00，则业务员须在每天的18:00之前将当天的营业款移交给财务人员

五、核对签字

项 目	快件交接		营业款交接	
交接步骤	1	由于快件与运单是一一对应的关系，即一个快件对应着一张运单。快件和运单（快递企业收件存根联）须同时交接，便于处理人员对运单和快件进行对比，及时发现运单和快件遗失的问题	1	业务员整理当天所收取快件的收款资料（收寄清单和营业款），备好当天收取的营业款，包括现金和支票
	2	业务员与处理人员须当面交接，双方共同确认快件和运单信息无误。如有问题可现场解决或将快件和运单退回给业务员处理	2	收款员向业务员出具当天的交款清单。交款清单清楚记录了该业务员当日每一个快件应收取的服务费用及服务费用汇总，是收款员向业务员收取营业款的依据
	3	交接双方在确认快件和运单信息无误之后，需要在收寄清单或特定的交接表格上，对交接信息进行双方签字确认	3	业务员核对收款员出具的交款清单，可通过收寄清单核对交款清单内容。如果核对有差异，应及时与收款员确认。如果无误，双方在交款清单上签字，收款员向业务员开具收款票据，证实已收款项

活动八　收件异常处理

学习目标

1. 能辨别收件异常情况。
2. 能说出收件异常情况的处理流程。
3. 能独立处理收件异常情况。

工作情境

小汉是路路通快递公司的新入职收派员，今天他按约定时间至客户处，发现物品属于大件货物，小汉不知道如何处理。假如你是小汉，该如何处理这种异常情况？

工作任务

任务名称：收件异常处理
建议课时：2课时

工作准备

请问，你在进行收件异常处理活动的时候，需要哪些工具？

工作场所

请问，你会在哪个工作场所进行收件异常处理活动？

工作安全

请问，你在进行收件异常处理活动的时候，应该注意哪些事项？

1) 航空件的单件快件重量达到或超过80kg，寄往国内的快件发汽运的单票重量不能超过100kg，单件重量不能超过100kg

2) 单件快件长度2.5m，宽度1m，高度0.8m，超过此尺寸的快件不能通过机场安检设备为非航空件

工作安全

3) 单件快件长度2.5m，宽度1.5m，高度1.5m，超过此尺寸的将会给运输带来困难

4) 客户更换托寄物时，在原还单上直接修改会导致运单内容模糊，难以辨认的必须重新开单

■ 工作步骤

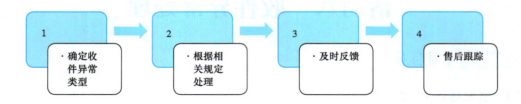

1 · 确定收件异常类型 → 2 · 根据相关规定处理 → 3 · 及时反馈 → 4 · 售后跟踪

1. 大件货物的处理办法

1) 在征得客户同意的情况下，客户在"寄件人签署或盖章"栏签名后，可将快件带回营业部称重并计算运费

2) 在当班次仓管员停止收件入仓前，通知客户快件重量及运费，客户确认快件可寄出，方可与仓管员进行交接，并在一个工作日内将底单送回寄件客户处

3) 如寄付现结，在送底单的同时须向客户收取或退还运费差额

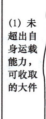

(1) 未超出自身运载能力，可收取的大件

大件货物

(2) 超出自身运载能力，但未超出我司收取范围的大件

1) 向客户说明情况并致歉表明暂时无法收取

2) 在手持终端上备案，由营业部负责人协调处理

2. 客户未处理好快件的处理办法

（1）正常情况下，在客户处等待的时长为 5 分钟，如果时间允许，收派员可以耐心等待客户准备快件。

客户未处理好快件

（2）如果超过规定等待时长，客户尚未将快件准备好，收派员需要礼貌地与客户沟通，并约定再次收取的时间，如已与客户预约收件，需要在手持终端上备案。

1) 如果约定时间在当班次收件时间段内，须根据时间规划好路线，按约定时间上门收取。

2) 如果约定时间超出当班次收件时间段，须向客户说明情况，并建议客户重新致电客服部下订单。

3. 快件未赶上正常班次中转的处理办法

（1）收派员及时通知客户，解释未赶上中转的原因，并告知客户下班次具体的发出、到达时间：
1) 若客户取消寄件，须及时将快件退回
2) 若客户愿意寄出，须安排下一班次发出
3) 收派员须在手持终端上备案，同时致电客服部说明延误原因及快件状况

（2）收派员向分部运作主管报告延误中转的原因，分部运作主管根据实际情况做相应跟进处理

4. 订单过多无法完成收件任务的处理办法

（1）致电营业部负责人，将无法收取的快件订单流水号报至营业部负责人，由营业部负责人统一调度

（2）营业部负责人致电客服部对该员工订单情况进行核实，根据实际情况进行相应的处理

5. 托寄物品无法确定性质或价值的处理办法

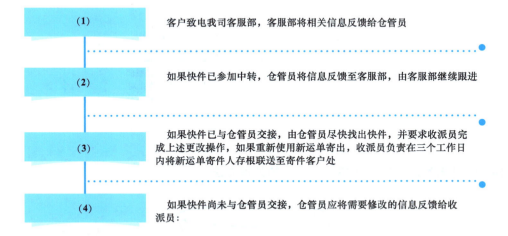

（1）收派员应与客户解释清楚，并请客户提供物品的有效证明资料

（2）收派员确认无法收取此快件时，应立即在手持终端上备案

1）客户出示资料，收派员确认托寄物品符合公司收寄要求，正常收取快件

2）客户出示资料，收派员确认托寄物品不符合公司收寄要求或者无法确定托寄物的性质或价值，需要同客户说明情况并致歉表明无法收取

3）客户拒绝出示资料或无证明资料，收派员需要同客户说明情况并致歉表明无法收取

6. 快件未参加中转，客户需更改运单信息的处理办法

（1）客户致电我司客服部，客服部将相关信息反馈给仓管员

（2）如果快件已参加中转，仓管员将信息反馈至客服部，由客服部继续跟进

（3）如果快件已与仓管员交接，由仓管员尽快找出快件，并要求收派员完成上述更改操作，如果重新使用新运单寄出，收派员负责在三个工作日内将新运单寄件人存根联送至寄件客户处

（4）如果快件尚未与仓管员交接，仓管员应将需要修改的信息反馈给收派员：

　　1）收派员根据仓管员反馈的信息，在备注栏内注明正确的运单信息，严禁直接涂改。
　　2）如果客户需要更改的信息无法在原单上直接更改，收派员须填写一份新运单，并在新运单备注栏内注明原运单单号、更换运单的原因以及客服查询员工号。快件发出后三小时内，将新运单单号通知寄件客户。在三个工作日内将新运单寄件人存根联送至寄件客户处，同时将原运单寄件人存根联取回。

7. 快件已收取，客户需要更改托寄物品的处理办法

（1）客户致电我司客服部，客服部将相关信息反馈给收派员

1）收派员必须在当班次内返回客户处更改托寄物品。如果不能在当班次回去更换托寄物品，必须致电客户说明情况，并约定更换时间

2）更换托寄物时，修改运单上的相关内容（托寄物资料、重量、运费、付款方式、寄件日期等）。如果涉及重量和运费修改，严禁直接涂改原重量、运费，必须在备注栏内注明正确的重量、运费，收取或退还相应的运费差额，并请客户在运单上重新签名确认，并收回客户处的寄件人存根联，带回营业部加盖"更改确认章"。在三个工作日内将修改过的寄件人存根联送至客户处。如果在原运单上直接修改会导致运单内容模糊，难以辨认的须重新开单

（2）快件已经发车参加中转

1）需要在五分钟内致电客服部说明快件已发出，无法更改

2）客服部与客户协商处理

8. 客户拒绝接受检查托寄物品的处理办法

（1）如果客户同意检查货物，就当客户面检查快件托寄物品

（2）当客户拒绝查验托寄物品时，收派员应耐心给客户解释并礼貌地告知检查托寄物品的原因及我司不予受理收寄的物品

（3）如客户坚持不同意查验货时，需向客户致歉表明无法收取，并在手持终端上备案

9. 客户取消寄件的处理办法

（1）至客户处，客户取消寄件

收派员应询问原因并在手持终端上备案

客户取消寄件

（2）至客户处途中，客户取消寄件订单

收派员接收到客服部发出的信息后，终止对该快件的收件准备，无须做其他操作处理

10. 快件未参加中转，客户要求退回的处理办法

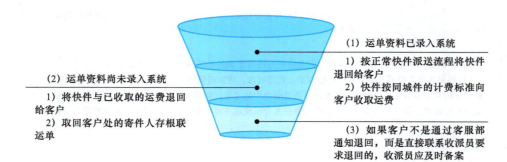

（1）运单资料已录入系统

1）按正常快件派送流程将快件退回给客户

2）快件按同城件的计费标准向客户收取运费

（2）运单资料尚未录入系统

1）将快件与已收取的运费退回给客户

2）取回客户处的寄件人存根联运单

（3）如果客户不是通过客服部通知退回，而是直接联系收派员要求退回的，收派员应及时备案

11. 回仓后包装破损的处理办法

(1) 对快件进行复称，并检查托寄物品是否损坏或短缺

拆开外包装清点时，必须有包括营业部负责人在内的两人（含）以上同时在场；有监控设备的地方，必须在有效监控范围内拆包清点

(2) 致电客户，告知外包装及托寄物损毁情况

1) 如果客户取消寄件，须及时将快件退回，并在手持终端上备案
2) 如果客户同意寄出，就将快件重新包装后寄出，并在手持终端上备案

12. 寄件客户不在的处理办法

(1) 客户留下快件，收派员按收件流程进行操作

前台或其他同事是否留下快件

(2) 客户未留下快件，收派员应询问是否有联系方式联系寄件客户，可联系上客户的要与客户约定再次收取快件的时间，无法联系客户的要在手持终端上备案

13. 寄件客户地址不详的处理办法

(1) 如果联系上客户

须确认客户地址，如果寄件客户地址在本收派员服务区域，及时上门收取快件

地址不详无法找到寄件人，按客户订单信息中所留的联系电话进行联系

(2) 如果无法联系上客户或寄件客户地址不在收派员服务区域内

须在手持终端上备案

14. 营业部复称发现重量不符的处理办法

(1)

必须在当班次停止收件入仓前知会客户，告知复称后的重量及重新计算的运费，询问客户是否将快件发出，严禁未告知客户就私自更改重量及运费：
1) 如果客户取消寄件，须与客户约定时间将快件退回，并在手持终端上备案
2) 如果客户接受复称后的重量及重新计算的运费，就将快件发出

(2)

在原运单上修改相关内容，严禁直接涂改原重量和运费，必须在备注栏内注明正确的重量和运费，并加盖"更改确认章"。收派员在三个工作日内至客户处将寄件人存根联进行更正，收取或退还相应的运费差额

(3)

如果在原运单上直接修改，导致运单内容模糊、难以辨认的须重新开单，并在快件发出后三小时内，将新运单单号通知寄件客户，寄件人存根联必须在三个工作日内送至客户处，收取或退还相应的运费差额

15. 敲门（按门铃）无反应（包括门卫不让进）的处理办法

（1）若联系不上客户，须在手持终端上备案

（2）若联系上客户，需要说明情况，请求客户协助解决

按订单信息中所留联系电话联系客户

（3）客户开门或要求门卫放行，到达客户处，按照正常的收件流程进行操作

（4）客户拒绝协助解决问题（不开门或不与门卫沟通），需要向客户说明情况并致歉表明无法收取，同时在手持终端上备案

任务三　快件处理作业

思政快递

科技创新　赋能快递

　　国家发展对科技创新提出了更迫切的要求，习总书记说："谁走好了科技创新这步先手棋，谁就能占领先机、赢得优势。"中国快递之所以成为世界公认的最快快递，科技创新功不可没。例如，快递企业京东物流利用人工智能和大数据运算等先进科学技术，能保证客户在商城下单之后 1h 内送达，最快 15min 之内可以将商品送到消费者手中，而在 24h 内，消费者可以任意选择商品送达的时间。

1. 丰巢智能柜

　　由顺丰、韵达、申通、中通和普洛斯投资运营的快递智能柜开启了自主收寄功能，解决末端物流配送难题。它免费保管包裹 18h，而且节假日期间不计费，特别方便写字楼和小区的用户存取。

2. 无人驿站

　　菜鸟驿站通过高科技方式，为高校、社区提供科学防疫方案、无感体验，扫码进站、错峰取件，智能扫码、无感取件，还有刷脸寄快递等，带来一站式服务。

3. 无人机

京东在江苏农村物流试点运行无人机派送，解决山区偏远配送困难问题。另外，无人机还参与北京救灾应急物资的运输配送，提高效率。针对温州当地杨梅寄递"小、远、散"的特点，顺丰速运利用无人机让杨梅"出山"，保障果品品质，提升物流效能，节约成本，开拓科技助农新方式。

4. 无人车

2020年5月21日，菜鸟驿站宣布，已在全国多地上线无人车送快递。菜鸟技术人员介绍，每台无人车可存放18件快递，在小区行驶一圈约1h，充电一次可行驶40多km，满足全天需求。这一无人车有着领先的自动驾驶技术：遇到门卡，自动感应；遇到行人，停步；碰到障碍，绕行；识别道路，自动转弯；到达单元门，自动停驻。疫情期间，无接触方式给农户提供安全、方便的快递取、寄服务。

5. 无人仓

2017年10月，"亚洲一号"京东智能无人仓正式亮相。该仓是全球第一个规模化运行并投入实际使用的全流程无人仓，总面积约4万m²，整个无人仓分为：入库＋分拣＋打包，仓储区域和出库区域等3个主要区域。在无人分拣区域，共有300个负责分拣的小红人，实行24h分拣。无人仓还利用3D视觉识别、自动包装、人工智能、物联网等各种前沿技术，每天完成超过20万单的产品入库、分拣、打包、出库全流程的无人化运作。无论是订单处理能力，还是自动化设备的综合匹配能力，都处于行业领先水平。

活动一　接收快件

学习目标

1. 会航空出港中转快件的接收操作。
2. 会汽运主干线到达快件的接收操作。
3. 会进港中转快件的接收操作。
4. 会汽运主干线中转快件的接收操作。

工作情境

接收快件是快件处理中心的一项重要环节。小丰是路路通快递公司快件处理中心的工作人员，每天快件运输车辆进入中心后，他便开始进行接收快件的工作。假如你是小丰，试完成他的工作。

工作任务

任务名称：接收快件
建议课时：4课时

工作准备

请问，你在进行接收快件活动的时候，需要哪些工具呢？

工作场所

请问，你会在哪些工作场所里进行接收快件活动？

工作安全

请问，你在进行接收快件活动的时候，应该注意哪些事项？

1）着装规范，防护用品佩戴齐全，避免身体受到伤害。如佩戴专用防护腰带、穿好防护鞋、戴好手套等	2）正确使用相关的卸载工具，如叉车、升降叉车、手推车、滚杆、撬杆等
3）懂得常规的防火、防电知识，确保工作场所的安全	4）在搬运快件时，千万别超过人体安全搬运重量，以免受伤

工作安全

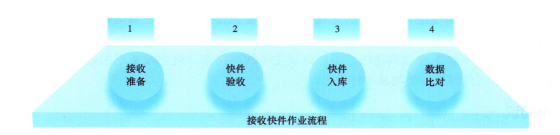

接收快件作业流程

| 1 | 2 | 3 | 4 |
| 接收准备 | 快件验收 | 快件入库 | 数据比对 |

一、航空出港中转快件的接收操作

1. 机场提货

（1）发货操作员在货物到达提货方前，将完整的提货信息传真给提货方。

（2）提货方按照发货方的传真信息，至机场、客运站、铁路提货处提取货物，核对到件数量是否一致，用扫描枪在提货处直接做提货扫描。

（3）对出现的破损件、短缺件等问题，要当场与提货处人员进行核对登记，并要求其开具破损证明（有条件可当场拍照），并通知发货方。

（4）保存好提货费发票，以备对账。

某航空组快件交接单					
快件单号	交接人	交接时间	接收部门	接收人	备注

填写说明：

（1）快件出仓时，装车人员和驾驶员必须按照真实情况填写交接单，并在指定位置签名盖章。

（2）到货卸好后，卸货人员和驾驶员应根据实际到货情况进行清点及记录，并在指定位置签名盖章。

（3）交接单内容如需更改，必须在更改栏目旁签名确认，如果超过六个单号有手动更改的，必须重新做一份交接单。

（4）分批配载必须在交接单上进行备注。

2. 主干线网络车

（1）主干线网络车到达，操作员检查封车锁情况并填写相关清单。

（2）按照规定时间要求，先卸下航空出港件，再卸下汽运线快件。

3. 支线网络车

（1）操作员要求所有到达的支线网络车打卡。

（2）对未按照规定时间到达的支线网络车除要进行处罚外，还要优先安排正点到达车辆的卸车入库。

（3）支线网络车晚点到达的，不能延误主干线网络车、航空发货车的时间，晚点的支线网络车尽可能将文件类物品中转发出。

小知识

总包卸载作业安全要求

车辆停稳后才能开始作业，不要一拥而上；进入车厢注意扶扶手，避免摔倒；要遵守＿＿＿＿＿＿、＿＿＿＿＿＿、＿＿＿＿＿的原则；戴好防护手套、防护腰带，穿好防滑鞋，以免伤到身体；卸载体积大、重量沉的总包快件时，应双人或多人协同作业及使用＿＿＿＿＿＿、＿＿＿＿＿＿等卸载工具；如果卸载快件有破损，漏出不明物品，必须用专用防护用具、用品进行＿＿＿＿＿＿，切忌用身体直接接触或用鼻子闻；如果在手动运输的托盘、拖车和拖板上，要注意控制码放时的＿＿＿＿＿＿、宽度和＿＿＿＿＿＿，以免发生快件倒塌伤人和损坏物品的现象；使用托盘、拖车时要分清头尾，不得反向操作，拉运快件时应专心，不要＿＿＿＿＿＿；装卸工具严禁＿＿＿＿＿＿＿＿。

4. 收入计费

（1）对交接快件全部做卸车扫描，将单件分别放到电子秤上做卸车扫描，扫描文件包标签时，不需要放到电子秤上。

（2）在操作系统输入始发地与目的地，以便计算中转费用。

（3）分别做解包操作，与卸车操作一样，分别对包内内件逐票扫描并称重计费。

（4）所有交接快件扫描完毕后，按货签数据进行收发对比。

二、汽运主干线到达快件的接收操作

（一）到件交接

（1）所有到达的主干线网络车必须打卡。

（2）分拣中心操作员必须检查封车锁情况，并进行登记。

（3）将驾驶员随车携带的路单填写完整，留存备查。

小知识

拆解封志的步骤和要点

检查封志是否已被打开过，对于松动、有可疑痕迹的应做记录；检查号码、标签是否清晰，对于模糊、有更改痕迹的应做记录；可采用扫描枪或手工登记，注意与交接单进行核对；对于施封锁，应用钥匙开启；对于其他封志，应用剪刀或专用拆解封绳开启；注意不得损伤封志条码或标签。

（二）入库

1. 需要再次计算中转费用

（1）对提回的快件全部做卸车扫描，将单件分别放到电子秤上做卸车扫描，扫描文件包标签时，不需要放到电子秤上。

（2）在操作系统选取始发地和目的地，以便计算中转费用。

（3）分别做解包操作，与卸车操作一样，分别对包内内件逐票扫描并称重计费。

（4）所有交接快件扫描完毕后，按货签数据进行收发对比。

2. 不需要再次计算中转费用

（1）对提回的快件直接做卸车、解包（笼）操作。

（2）上传数据后进行货签对比。

三、进港中转快件的接收操作

（一）提货

（1）操作员在货物到达前，将完整的提货信息，交与提货人员。

（2）提货员至机场、客运站或铁路提货处，按操作员交与的提货信息，核对到件数量，可用扫描枪在提货处直接做提货扫描。

（3）对出现的破损、少件等问题，要当场与承运方提货处人员核对登记，并要求其开具提货破损证明，有条件的要当场拍照。

（4）结算提货费用，并保存好发票，以备对账。

（二）入库

1. 需要再次计算中转费用

（1）对提回的快件全部做卸车扫描，将单件分别放到电子秤上做卸车扫描，扫描文件包标签时，不需要放到电子秤上。

（2）在操作系统选取始发地（指与分拣中心结算费用的公司，发件公司或上级分拣中心）和目的地，计算中转费用。

（3）分别做解包操作，与卸车操作一样，分别对包内内件进行逐票扫描并称重计费。

（4）所有交接快件扫描完毕后，按货签数据进行收发对比。

2. 不需要计算中转费用

（1）对提回的快件直接做卸车、解包操作（可采用扫描枪）。

（2）上传数据后进行货签对比。

人工拆解总包的操作步骤

①检查总包规格，拆开送达正确的总包，异常总包应剔除处理；②扫描包牌条码，对于扫描失败的，用手工输入，不能遗漏；③拆开时不能损伤内部快件，要保证包牌不脱落，禁止用力扯封志扎绳；④将快件倒出，并检查包内是否有遗留件，要小心易碎快件；⑤检查封发单填写情况并整理存放好，逐件检视扫描快件；⑥将合格快件放入分拣区，过大、过重、易碎等物件需要单独处理，并检查现场是否有遗留。

四、汽运主干线中转快件的接收操作

1. 逐票扫描计费的操作办法

（1）对入库的快件全部做逐票扫描，将单件分别放到电子秤上扫描，扫描文件包标签时，不需要放到电子秤上。

（2）在公司操作系统选取始发地（指与分拣中心结算费用的公司，发件公司或上级分拣中心）与目的地，以便计算中转费用。

（3）分别做解包操作，分别将包内内件逐票称重并扫描。

（4）所有交接快件扫描完毕后，按货签数据进行收发对比。

2. 地磅称重计费的操作办法

（1）支线网络车到达后，整车上地磅称毛重，司磅人员使用软件操作分拣中心地磅称重模块进行计重。

（2）由司磅人员开具卸车凭据，交与支线网络车随车人员，操作场地扫描员凭卸车凭据做卸车操作，无卸车凭据的不予卸车。

（3）对固定车辆的，按事先称重的空车皮重，直接计算出费用；对临时租用车辆的，卸车完毕后，再次称空车皮重后，计算费用。

（4）操作员按操作办法做卸车扫描，此项工作可使用扫描枪操作。

3. 批量（指发往方向不同，计算价格不同的成批量快件计费）计费操作办法

（1）用扫描枪做卸车到件扫描。

（2）对同一收费标准的快件，整批放到电子秤上称重计费，按事先设置好的中转计费标准计算中转费用。

（3）进行解包的操作后，进行收发对比。

4. 按件数计算中转费

（1）对到达的支线网络车，直接扫描卸车，并做解包操作。

（2）按扫描过的营业部的总件数计算中转费用。

（3）做好收发货对比。

活动二 分拣快件

学习目标

1. 会航空出港中转快件的分拣操作。
2. 会汽运主干线到达快件的分拣操作。
3. 会进港中转快件的分拣操作。
4. 会汽运主干线中转快件的分拣操作。

工作情境

快件接收入库后，工作人员对快件进行分类分拣处理。分拣员小虎正拆解总包，并将快件逐一放置在分拣机上。假如你是小虎，试完成他的工作。

工作任务

任务名称：分拣快件
建议课时：4课时

工作准备

请问，你在进行分拣快件活动的时候，需要哪些工具？

工作场所

请问，你会在哪些工作场所进行分拣快件活动？

工作安全

请问，你在进行分拣快件活动的时候，应该注意哪些事项？

1）掌握快件运单知识，避免误分		2）正确操作相关快件分拣工具
	工作安全	
3）懂得常规的防火、防电知识，确保工作场所的安全		4）分拣时，务必轻拿轻放，特殊快件要按要求分拣，切勿暴力分拣

快件
分类

快件
识别

快件
投放

快件
整理

一、航空出港中转快件的分拣操作

（1）快件入库后按文件与大货进行分类分拣。

（2）文件类在文件操作区分拣；大货直接上传输带，由分拣人员卸至固定分拣区分拣。

（3）在分拣过程中，如遇大头笔标注错误或未标注、地址不详、违禁品、包装不良及破损件等，要由专人负责登记并拍照，到分拣中心直接交接的营业部，当场通知随车人员；不是直接交接的，在内网上报，在不违反操作规定的情况下，能当班次中转的，尽量发出；不能当班次发出的，要放在问题件区，由客服人员按规定程序处理。

（4）由建包操作员将文件及小物品按建包（笼）规定操作，并填写完整货签。

（5）单件发出的，要用大于面单的白纸将面单（除单号外）的内容覆盖，并在白纸上写明始发地、目的地、提货电话和提货人等各项内容。

（6）将文件包与单件一起做装车扫描，扫一件（包）上一件，确保实际发货件数与扫描数一致。

手工分拣作业步骤及要点：

1. 快件分类	2. 快件识别	3. 快件投放	4. 快件整理
先将待分快件分为信件类和包裹类；可分初拣和细拣两个环节	信件类一次取件数量在____件左右，包裹类需要单件处理；通过运单的邮编、地址路段和电话区号进行快件识别	一只手托件，另一只手的拇指捻件，用中指轻弹入格；保持运单面朝上并且方向一致	将分拣格子内的信件封发；将已分拣包裹进行堆码，避免串位

二、汽运主干线到达快件的分拣操作

（1）经过扫描入库的快件，按文件和货物进行分类操作。

（2）文件在文件区操作，大货上流水线做装车扫描，直接上支线网络车（无流水线的场地，用手推车操作）；不能及时装车的货物，要整齐地摆放在规定区域，等到装车时进行逐票扫描装车，不得出现快件集中扫描再装车的现象。

（3）在分拣过程中，如果遇到各类问题件，要由专人负责登记和拍照，对直接交货到分拣中心营业部的，应将问题件当场退回，不能直接退回的，事后在内网中上报，由客服人员按照规定程序上报。

（4）由建包人员将文件和小包裹进行建包操作，并填写好完整包签。

（5）不能进行建包的快件做单件扫描直接装车，扫一件上一件，确保实际发货数与扫描数一致。

（6）装车时一定要将货物摆放整齐，并要按照"大不压小，重不压轻"的原则，对中途需要停靠的网络车，要按照下货的次序进行装货。

> **温馨提示**
>
> 设备操作安全要求：
>
> 1. 设备运行前，清除带式传输或辊式传输设备周围影响设备运行的障碍物，然后试机运行。
>
> 2. 注意上机分拣的快件重量和体积均不得超出设备的载重和额定标准。
>
> 3. 对非正常形状或特殊包装不符合上机要求的快件，要进行＿＿＿＿＿分拣。
>
> 4. 上机传输的快件与＿＿＿＿＿的速度要匹配。
>
> 5. 传输过程中一旦发生卡塞、卡阻，要立即停止运行。
>
> 6. 分拣传输设备在使用中如发生故障，要立即停止使用。

（7）在分拣过程中，分拣中心现场操作员及营业部支线随车人员、发运航空（大巴或铁路）的发货随车人员必须全程参与操作，互相监督，完成交接工作。

三、进港中转快件的分拣操作

（1）经扫描入库后的快件，按文件与大货进行分类分拣。

（2）文件类在文件操作区分拣；针对营业部到分拣中心交接的情况，大货直接上输送带做装车扫描，然后上支干线网络车（无输送带的，用人工手推车分拣）；因场地原因造成个别支线网络车无车位时，要将大货暂时整齐地摆放至规定区域，待支线网络车停靠后，逐票扫描装车，不得出现对没装车的快件全部扫描而集中装车的现象。

（3）在分拣过程中，遇到各类问题件，如大头笔填写错误或未写、地址不详、违禁品、包装不良及破损件等，要由专人负责登记、拍照，对直接到分拣中心交接的公司，当场与营业部支线网络车随车人员做好交接；不是直接到分拣中心交接的，事后在内网上报，在不违反操作规定的情况下，能当班次中转至营业部的，尽量发出；不能当班次发出的，要放在问题件存放区，由客服人员按规定程序上报。

（4）由建包操作员将文件及小物品按建包规定操作，并将包签填写完整。

（5）将文件包与未能直接装车（发货车辆包括营业部支线网络车及到第三方发货的发货车）的单件一起进行装车扫描操作，扫一件（包）上一件，确保实际装发货车件数与扫描数一致。

（6）装车时一定要保证货物摆放整齐，并要按照"大不压小，重不压轻，先出后进"的装车原则，对需要中途下货的支线车，必须按照下货的次序分开装车，以免出现卸错货的现象。

（7）在分拣装车的过程中，分拣中心现场操作员及营业部支线网络车随车人员、发运航空（大巴、铁路）的发货车随车人员必须全程在场，互相监督，完成交接工作。

半自动机械分拣操作规范：

	1. 在指定位置将快件上机传输，运单面朝上，宽度要小于传送带的宽度
	2. 快件传到分拣工位时，要及时取下快件。未来得及取的快件由专人接取后，再次上机分拣或进行手工分拣

3. 看清运单寄达的目的地、电话区号和邮编后，准确拣取快件	

4. 取件时，较轻的快件用两手托住两侧取下，较重的快件要用双手托住底部或抓紧两侧，顺着传送带的方向取下，注意用力

四、汽运主干线中转发出快件的分拣操作

（1）经扫描入库后的快件，按文件与大货进行分类分拣。

（2）文件类在文件操作区分拣；大货直接上输送带做装车扫描，上主干线网络车（无输送带的，用人工手推车分拣）；对非始发主干线网络车而无法直接装车的，要将大货整齐地摆放至固定区域，等主干线网络车辆到达后，逐票扫描装车。

（3）在分拣过程中，遇到各类问题件，如大头笔标注错误或未标注、地址不详、违禁品、包装不良、破损件等，要由专人负责登记、拍照，对直接到分拣中心交接的公司，应当场通知随车人员；不是直接交接的，事后在内网上报，在不违反操作规定的情况下，能当班次中转至营业部的，尽量发出；不能当班次发出的，要放在问题件存放区，由客服人员按规定程序上报。

（4）由建包操作员将文件及小物品按建包规定操作，并将包签填写完整。

（5）将文件包与未能直接装车的单件一起进行装车扫描操作，扫一件（包）上一件，确保实际装发货车件数与扫描数一致。

（6）装车时一定要保证货物摆放整齐，并要按照"大不压小，重不压轻，先出后进"的装车原则，对需要中途下货的主干线车，必须按照下货的次序分开装车，以免出现卸错货的现象。

（7）按总公司规定的上货标准，严控超标超重货物的上车。

活动三　封　装　快　件

学习目标

1. 会快件扫描操作。
2. 会建包操作。
3. 会解包操作。
4. 会检查总包质量。
5. 会进行总包的堆位和码放。

工作情境

当快件处理人员完成快件分拣工作后，封发员小德需要对快件进行登单，由系统统一打印总包包牌，利用封志进行总包封装，并对封装好的总包按发运目的地进行堆码，准备装车发运。假如你是小德，试完成他的工作。

工作任务

任务名称：封装快件
建议课时：4课时

工作准备

请问，你在进行封装快件活动的时候，需要哪些工具？

工作场所

请问，你会在哪些工作场所进行封装快件活动？

工作安全

请问，你在进行封装快件活动的时候，应该注意哪些事项？

1）手工登单，笔迹务必清晰，信息一定要准确完整	2）袋牌制作务必按照标准完成，一旦出现不合格袋牌应及时更换，切勿应付了事，以免出现掉牌等情况
3）总包堆码务必充分利用空间资源，按照自定的堆码原则进行摆放，切勿乱存乱放或出现杂乱无章的现象	4）总包袋封要严实、牢固。每次袋封结束后都要认真检查完成情况

（工作安全）

工作步骤

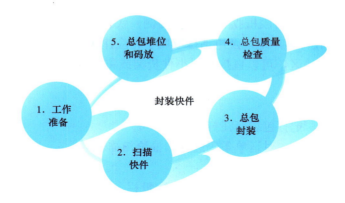

一、工作准备

（1）领取扫描枪，检查扫描枪。

（2）常用工具准备。检查圆珠笔、大头笔、缝包针能否正常使用，胶带、缝包线是否足够。根据每日发往各目的地所需包的种类及数量，准备各种相应数量的包、封条以及包贴纸。

（3）设备准备。摆好小件分拨架（胶框放置在每个格口）、打包架、胶框。进行分拨的皮带机及缝包机要试机，确认能否正常工作。

（4）整理航空包（只包括用缝包机或手工缝的包）。将包贴纸贴在有标注的一面，距包底部 1/3 位置的正中间，将打包袋有标注的一面朝上平铺堆放。

> **小知识**
>
> **何为建包**
> 对符合要求的快件（除不能装入编织袋内的快件）装件入包或对较小体积的包进行并包的操作。

二、扫描快件

扫描操作流程	
一、有流水线	二、无流水线
1．单件在 60kg 以上的货物或长度超出 120cm 的货物不得上流水线，必须在大货规定区域内进行扫描操作 2．文件等小件物品打包操作，扫描建包标签；也可单独使用无线扫描枪在文件区域内逐票扫描入仓 3．航空件必须在收货窗口以有线扫描枪逐票逐件称重扫描 4．一票多件的大货，用有线扫描枪直接扫描主单，手工输入重量，子单可用无线扫描枪扫描 5．发件时直接使用无线扫描枪扫描（选择正确的目的地）	1．对到达支线车辆的全部快件进行卸车扫描，将单件分别放到电子秤上做卸车扫描 2．文件包扫描包签时不需要放至电子秤上，而是直接做卸车扫描 3．做解包操作的快件，将包内快件逐票放至电子秤上做称重扫描 4．主干线到达的快件，直接使用无线扫描枪操作 5．航空进港快件，必须逐票做到件扫描 6．发件扫描以无线扫描枪操作，选择好正确的目的地，逐票逐件进行扫描

三、总包封装

（1）将小件按照目的地分类。

1）有皮带机的地区，将胶框摆在皮带机两侧，快件上皮带机以后，站在相应的格口，根据运单上的代码、收件客户地址及电话拣取属于相应建包区域的小件，放入胶框中。

2）没有皮带机的地区，可以直接利用小件货架或将胶框摆放在地上，将各个目的地的快件分拣至胶框中。

（2）装件入包。

1）摆放好打包架，把打包袋套在打包架上。

2）从胶框中拿出快件，对运单条码进行扫描枪扫描。

3）将扫描完的快件放入包袋中。

4）整包快件装完之后，查看扫描枪界面数量栏，与唱票数目对比无误后，用圆珠笔填写包牌件数栏，并用大头笔在包上注明件数。

扫描枪操作：
进入操作界面，选择装件入包，扫描包牌条码，输入包牌上面的目的地

（3）封包口。

1）航空封包口。用缝包机封包口，注意如果中间有断线，应该再缝一次或者手工用线缝住包口。

2）陆运封包口。将包牌尾部穿过袋口所有小孔后，从包牌上有箭头的孔槽穿过后拉紧。

（4）并包操作。

若单个包内装体积小于整包的1/4，且无时间做重新建包操作，则必须进行并包操作。

并包操作的步骤为：将件数较少的包装入一个包内，按照建笼操作步骤进行。

小知识

装件入包的原则

重量及体积相近的快件应该装入同一个包内，如1kg以内的快件装在一个包内，1~3kg的快件装在一个包内；较重的快件应该装在包的较靠下部位，较轻的快件应该放在包的较靠上部位，避免造成包内快件损坏。

（5）将已经建好的包放在推车上面，搬运至指定发货区域。

（6）本次工作结束前，清理场地，归还设备，确保无快件遗漏在操作场地。

轮式笼和集装箱封装要求
1. 检查轮式笼或集装箱是否损坏、变形
2. 将已填制好的包牌贴在笼或箱子正面的上部指定区域
3. 保持运单朝上，将快件按照重不压轻、大不压小、小件填装空隙的原则装笼或装箱
4. 充分利用笼或箱中的隔板，保护易碎快件或液体快件
5. 将文件类和包裹类快件混装，集中区域拼装
6. 对于保价件、代收货款、到付件，应集中码放或利用隔板进行间隔
7. 快件装好后放入该总包的封发清单，封发清单要求用专用封套包装
8. 检查笼或箱内的快件是否码装整齐
9. 小心关闭笼或箱门，切勿随意合上
10. 使用专用或特制的绳子或塑料封带封扎笼或箱门

总包袋封要求
1. 根据快件数量和体积选择大小合适的总包装
2. 将已填写好的包牌贴在空袋子的中上部
3. 将贴好包牌的总包袋正确钩挂在撑袋架上
4. 应将信件类和包裹类快件分开封装
5. 对报价快件、代收货款、到付快件等进行分类封装
6. 保持快件运单朝上，按由重到轻、由大到小、方下圆上的原则依次装袋
7. 易碎快件和液体快件应单独封装或放在袋子的最上层
8. 快件装好后放入该总包的封发清单，封发清单要求用专用封套包装
9. 装袋时，快件不宜超过袋子容积的2/3，重量不宜超过32kg
10. 将总包装卸下并扎紧时，切勿出现"鹅颈袋"的松扎口

四、总包质量检查

为确保总包封装的快件能够安全、准确地传递，快件处理人员应检查总包质量，以便及时纠错。

（一）检查总包质量的内容

（1）检查作业系统是否按规定程序处理快件分拣、登单工作。

（2）检查所要封发的快件是否与发运计划、时间要求一致。

（3）检查封发清单与总包内的快件实物数量明细是否一致。

（4）检查总包重量、包装和包牌是否符合要求，清单是否齐全。

（5）检查作业场地周围是否有未处理或遗漏装包的快件。

（二）建包过程中常见的异常情况处理

1. 装错包

（1）已经做了装件入包扫描枪扫描，但是还没有在包牌上及包上注明件数，则应从包中取出装错的快件，进入扫描枪扫描界面，选择从包中删除，扫描包牌条码，再扫描装错的快件运单号码，确认后退出，将快件放入正确的建包区域，注意必须在同一扫描枪上进行此操作。

（2）若已经做了装件入包扫描且在包牌及包上注明了件数，应将错装件取出，放入正确的建包区域，对本包中的快件重新制作一个新的包牌进行建包操作，并及时将原包牌的信息报知现场负责人，使其作废，同时必须在包牌及包袋上注明正确的件数，确保包牌和包袋上所写资料一致。

2. 快件损坏

发生快件损坏等异常情况，应第一时间报知现场负责人，按照《中转异常情况处理办法》处理。

3. 巴枪统计数与装件数不相符

发生这种异常情况，应将整包内件倒出来，重新边数边巴枪扫描，直到数目相符。

五、总包堆位和码放

规范有序地堆位和码放总包，有利于合理规划区域空间，梳理作业程序，保证快件处理时间上的合理性和有序性。总包堆位和码放的要求如下：

（1）同一车次的总包应以各总包卸货的先后顺序码放。

（2）同一航班或车次的总包应集中堆放，便于装运。

（3）根据总包装运时限的先后顺序建立堆位，以避免出现压包延误的现象。

（4）对代收货款、到付快件和优先快件应单独码放，对于易碎快件，要按公司要求处理。

（5）不得出现摔、拽、扔、拖总包的粗鲁行为，如发现包装损坏或包牌脱落应及时处理。

（6）各堆位间应留有通道，并设置隔离标记。

（7）码放在托盘或搬运工具上的总包，应严格按照工具载重标准和操作要求执行。

（8）总包应直立放置，整齐划一地排列，以一层为限，切勿横铺堆叠。

六、解包工作

（一）解包的定义

解包是指将快件从打包状态恢复到单份快件的过程。

（二）解包准备工作

（1）领取扫描枪，检查扫描枪。

（2）常用工具准备：

1）物料准备：剪刀。

2）设备准备：摆好解包台、胶框。

（三）解包工作内容

（1）将所有需要解包的快件包集中到解包区，若是上皮带机的包，需要有人站在解包区卡位，从皮带上拣取需要分解的包，托至滑板上，自然滑下。

（2）将包搬至解包台。

（3）检查袋外包装是否破损，封口是否正常；检查包牌及包上大头笔标注的目的地代码是否相符，是否发错；检查包牌及包上的标注填写是否符合要求。

（4）找到缝包的线头，拉开缝包线，解开包口，从包中取出快件；或者用剪刀剪开封条及胶带，解开包口。

（5）进入扫描枪操作界面，选择"快件解包"，扫描包牌条码，再从包内取出快件，检查大头笔代码以确认该件是否发错；或者扫描运单号码，对该包快件全部扫描完毕后，核对扫描枪扫描数与包牌上的件数是否一致。

（6）快件解包操作完毕后，撕下粘贴在包面上的包贴纸，并将包袋从底部翻转过来，使包袋内衬变为外表面，确保无快件遗漏；将包分类整理后存放于指定区域。

（7）本次工作结束，清理场地，确保无快件遗漏在操作场地。

（8）归还扫描枪。

（9）中转结束后，按照当班组长安排，对场地进行清理。对设备、工具进行清洁后，按照管理要求摆放至规定位置。

（四）解包异常情况处理

1. 包袋破损

（1）必须及时通知现场当班负责人，由当班负责人对破损包袋拍照后，立即进行解包操作。如果扫描枪上扫描数字与包牌、编织袋上的数字吻合，以及通过扫描枪包牌号对比为"0"，则正常。

（2）解包操作后，如果扫描枪扫描数字与包牌及编织袋数字不符，通过扫描枪查找出所缺快件的单号，并且上报有关部门。

2. 包牌遗失

如果编织袋上标注了包号及件数，就可以直接按照编织袋上的包号及件数进行处理。陆运包或航空包上未标注包号等信息的，必须立即通知现场负责人，由现场负责人对其拍照，再进行下一个操作：通过运单系统查询，查出所遗失的包牌号码及包内快件的建包数量，再对该包进行解包操作。待扫描枪数据上传完毕以后，通过与扫描枪数据进行对比，

核对包内快件数量是否相符；将此次包牌遗失做异常情况处理。

3. 件数不符

第一时间反馈给现场负责人，由现场负责人对包牌号进行拍照，并在分拣中心异常快件登记表上登记。中转结束后，数据员将扫描枪数据上传，对包内快件单号进行拉数，找出建包件数与解包件数不符的快件单号，并上报相应部门。在该班次中转结束后，仍需要再次对不符的快件单号进行查询，以确定其具体动向。

4. 包内快件破损

必须立即停止当前解包操作，第一时间通知现场负责人，由现场负责人在分拣中心异常快件登记表上对破损件进行登记，并对破损情况进行拍照。完毕后，视快件破损程度给予加固或重新包装，由解包人继续完成对该包快件的解包操作。

5. 建错包

先完成本包其他快件的解包操作，并统计件数是否与包牌内容相符。将建错包的快件及所属的包牌交予现场负责人，并对该包的解包情况做详细的汇报。由现场负责人对该快件及包牌进行拍照，并填写分拣中心异常快件登记表。

活动四　发运快件

学习目标

1. 会航空出港中转快件的发车操作。
2. 会汽运主干线到达快件的发车操作。
3. 会进港中转快件的发车操作。
4. 会汽运主干线中转发出快件的发车操作。

工作情境

建包堆码完快件，快件处理人员接下来的工作就是根据总包所发往的目的地进行发运。假如你是负责快件发运工作的调度员小华，试完成他的工作。

工作任务

任务名称：发运快件
建议课时：2课时

工作准备

请问，你在进行发运快件活动的时候，需要哪些工具？

工作场所

请问，你会在哪些工作场所进行发运快件活动？

工作安全

请问，你在进行发运快件活动的时候，应该注意哪些事项？

1）快件运输的交接手续务必齐全，责任明确	工作安全	2）封条必须完好，封条上的条码信息务必清晰完整
3）航空运输快件时，准备好相关材料，以便报关通关		4）信息处理要及时准确

一、航空出港中转快件的发车操作

1. 发车操作

（1）进行发车操作，同时手工输入车牌号码。

（2）按不同目的地进行整批称重并做好记录，以便与货代核对、结算。

（3）操作员与随车人员做好交接，由发货人员至机场发货。

（4）发货员与承运方（机场或货代、大巴客运站、铁路行包房）当场清点发货数量及称重。

（5）按事先确定下的结算方式付费，带回承运方开具的运输凭证，如航空发货单（配载成功后，由承运方返回传真件），返回公司后交与操作员，对交接过程中出现的异常情况要及时登记，返回公司后上报操作管理人员。

2. 现场清理

（1）整理各类操作工具并放至固定位置。

（2）对出现故障的设备要及时维修，不能影响下班次的中转。

（3）清理现场时，巡查是否有快件无原因遗留，如果有，应尽可能采取补救措施。

（4）做好与客服人员的交接工作。

（5）清查现场安全隐患，发现问题及时处理。

3. 数据上传及发货信息上报

（1）将最后的扫描数据上传，同时上报发货信息，包括航班号（大巴车牌号、铁路车次）、件数、重量、预到站名称、时间等，以便提货公司提前安排。

（2）及时保持与承运方的联系，对出现的机场违禁品扣货、落货、交通问题等，应及时通知提货公司。

（3）对正常到达的货物要跟踪提货情况，对提货公司出现的失误，应及时发现，及时解决，并做好投诉处理。

（4）按规定上报各类中转分拣过程中的问题件。

二、汽运主干线到达快件的发车操作

1. 发车操作

（1）通过支线网络车发出。

1）营业部支线网络车装车完毕后，操作员进行发车操作，手工输入车牌号码。

2）监督支线网络车随车人员完成封车、打卡工作，并按总公司规定的支线网络车发车时间准时发出。

（2）通过第三方（航空、大巴及铁路）运输方式发出。

1）进行发车操作，同时手工输入车牌号码。

2）操作员与发货随车人员做好交接，由发货人员至机场（大巴客运站、铁路行包房）发货。

> **小知识**
>
> 汽车运输快件的交接操作步骤：
>
> （1）引导运输车辆停靠在指定的交接站台；（2）检查押运人员的身份是否真实有效；（3）检查运输车辆是否符合公司车辆安全运行标准；（4）与押运人员核对总包的数量与交接单内容是否一致，规格是否符合要求；（5）监督快件搬运装车工作，确保总包堆码拼装符合运输要求；（6）填写出站快件交接单，注意检查是否有遗漏栏目和不符信息；（7）交接双方在交接单上签名盖章，并如实记录实际发车时间。

3）发货人员与承运方（机场或货代、大巴客运站、铁路行包房）当场清点发货数量及称重计费。

4）按事先确定的结算方式付费，带回承运方开具的运输凭证，如航空发货单（配载成功后，由承运方返回传真件）、铁路包裹票或大巴车开具的收据，返回公司交给操作员。

5）对交接过程中出现的异常情况要当场登记清楚，返回公司后上报操作管理人员。

2. 现场清理

（1）待车辆发出后，进行现场清理，整理操作设备。

（2）巡查是否有非正常快件遗留，如果有，就要积极采取补救措施。

（3）对操作设备的故障要及时报有关人员维修，不得影响正常中转操作。

（4）现场清理安全隐患。

（5）将问题件摆放至问题件存放区域。

> **小知识**
>
> 汽车封车的操作步骤：
>
> （1）关闭车门前应检查快件堆码是否符合要求，作业场地周围是否有遗漏的快件；（2）应在车门的指定位置施封，施封过程应至少有两人在场；（3）检查封志是否牢固，条码是否完好无损，车厢门是否锁闭；（4）将施封条码号登记在交接单上；（5）施封过程无异议，交接双方签字确认。

3. 数据上传及发货信息上报

（1）将最后的扫描数据上传，同时上报发货信息，包括航班号（大巴车牌号、铁路车次）、件数、重量、预到站名称、时间等，以便提货公司在货到前安排提货（铁路传真包裹票）。

（2）及时保持与承运方的联系，对出现的机场违禁品扣货、落货、交通问题等，应立即通知提货公司。

（3）对正常到达的货物要跟踪提货情况，对提货公司出现的失误操作，要及时发现，及时解决，并做投诉处理。

（4）对于经支线网络车发出的快件，要在规定时间内上报各类分拣过程中问题件及发车时间。

三、进港中转快件的发车操作

1. 发车操作

（1）通过支线网络车发出。

1）营业部支线网络车装车完毕后，操作员进行发车操作，手工输入车牌号码。

2）监督支线网络车随车人员完成封车、打卡工作，并按总公司规定的支线网络车发车时间准时发出。

（2）通过第三方（航空、大巴及铁路）运输方式发出。

1）进行发车操作，同时手工输入车牌号码。

2）操作员与发货随车人员做好交接，由发货人员至机场（大巴客运站、铁路行包房）发货。

3）发货人员与承运方（机场或货代、大巴客运站、铁路行包房）当场清点发货数量及称重计费。

4）按事先确定的结算方式付费，带回承运方开具的运输凭证，如航空发货单（配载成功后，由承运方返回传真件）、铁路包裹票或大巴车开具的收据，返回公司交给操作员。

5）对交接过程中出现的异常情况要当场登记清楚，返回公司后上报操作管理人员。

2. 现场清理

（1）待车辆发出后，进行现场清理，整理操作设备。

（2）巡查是否有非正常快件遗留，如果有，就要积极采取补救措施。

（3）对操作设备的故障要及时报有关人员维修，不得影响正常中转操作。

（4）现场清理安全隐患。

（5）将问题件摆放至问题件存放区域。

3. 数据上传及发货信息上报

（1）将最后的扫描数据上传，同时上报发货信息，包括航班号（大巴车牌号、铁路车次）、件数、重量、预到站名称、时间等，以便提货公司在货到前安排提货（铁路传真包裹票）。

（2）及时保持与承运方的联系，对出现的机场违禁品扣货、落货、交通问题等，应立即通知提货公司。

（3）对正常到达的货物要跟踪提货情况，对提货公司出现的失误操作，要及时发现，及时解决，并做投诉处理。

（4）对于经支线网络车发出的快件，要在规定时间内上报各类分拣过程中的问题件及发车时间。

四、汽运主干线中转发出快件的发车操作

1. 发车操作

（1）装车完毕后，进行发车扫描操作，同时手工输入车牌号码。

（2）由现场管理人员负责对主干线网络车进行封车操作，并填写随车路单。

（3）按总公司规定的发车时间，监督驾驶员打卡发车。

2. 现场清理

（1）待车辆发出后，进行现场清理，整理操作设备。

（2）巡查是否有非正常快件遗留，如果有，就要积极采取补救措施。

（3）对操作设备的故障要及时报有关人员维修，不得影响正常中转操作。

（4）现场清理安全隐患，同时不得私自离开场地，以准备下一车辆的中转操作。

（5）将问题件摆放至问题件存放区域。

小知识

封铅条的使用

（1）外场装好车后，专线、营业部柜台出单时，封铅号必须填入交接单封铅号填写处，外场装车人负责检查核对。

（2）车辆封铅条如果发生损坏，外场人员必须拿损坏的封铅条和交接单到专线及封铅条管理员处更换，否则不能领取。

（3）更换封铅条，封铅条管理员必须同时更改交接单上的封铅号。

（4）外场装车人员必须确保_____和车门封铅条一致。

（5）外场装货完毕后，需要对车厢进行封铅，每个门的上锁处都必须封铅，有甲板的车辆可在尾板扣环孔处封铅，必须能起到保护货物安全的作用。

（6）_____应对封铅号进行检查核对，并在交接单上签字确认。

（7）车辆到达卸货部门后，卸货部门点数人员应先检查封志是否完好，并核对封铅号与交接单记录的封铅号是否一致，之后签字确认。

3. 数据上传及发货信息上报

（1）将扫描数据全部上传。

（2）上报在中转分拣过程中的各类问题件。

（3）做好与客服人员的交接工作，不得出现工作脱节的现象，特别是主干线车到离时间的上报。

活动五　问题件处理

■ **学习目标**

1. 能独立处理破损件。
2. 能独立处理无头件。
3. 能独立处理滞留件。
4. 能独立处理违禁品。

■ **工作情境**

　　小楚是路路通快递公司处理中心的新入职员工，今天在处理快件时，他发现有无头件和破损件，不知道如何处理。假如你是小楚，该如何处理这种异常情况。

■ **工作任务**

　　任务名称：问题件处理
　　建议课时：2课时

■ **工作准备**

　　请问，你在进行问题件处理活动的时候，需要哪些工具？

■ **工作场所**

　　请问，你会在哪些工作场所进行问题件处理活动？

■ **工作安全**

　　请问，你在进行问题件处理活动的时候，应该注意哪些事项？

1）在操作过程中出现的各类问题件，应本着客户第一的原则，在不违反规定的前提下必须第一时间处理	工作安全	2）要及时反馈各类问题至操作员，不得出现工作脱节现象
3）现场严禁烟火及易燃易爆等危险品入内		4）在操作过程中处理，不得出现与正常快件一同出库而导致相关问题的现象

工作步骤

```
1. 确认问题件类型  →  2. 按照相关规定处理  →  3. 及进反馈跟踪
```

1. 出港（发件）违禁品的处理办法

（1）对营业部交接的物品（不论是经支线网络车运输还是第三方运输），发现是违禁物品的，绝对不允许再进网络，要第一时间通知发件公司，上报内网并拍照做投诉处理。

（2）如果机场安检时发现是违禁品，得到机场通知后，能取回的取回，不能取回的通知发件公司，并上报内网做投诉处理，同时通知提货公司实际到达件数，对易燃、易爆危险品拍照留存证据后，为安全起见，及时上报总公司相关处理部门认可后，可就地销毁。

2. 出港（发件）破损件的处理办法

```
                          破损件
          ┌─────────────────┴─────────────────┐
 提货环节发现：与承运方当场核          支线网络车交接环节发现：交与支线网络车随车人员处理，并当场
 对，并要求承运方出具破损证明          称重拍照登记，如支线网络车随车人员处理不当，可拒收
```

无营业部或营业部已暂停：对于已在系统通知过的，按发件公司回复处理

退回件：对各种原因引起的退回，应按操作规定进行处理，不得擅自退回，所有到中心的退回件必须做重要的收入并发出。

大头笔标注不规范：大头笔标注的目的地错误；除文件外的物品，如发现未用大头笔注明面单号码或打包（笼）后未用大头笔标注包（笼）签条码的，一律不得进入网络，标注正确后才可发出，同时做投诉处理

双面单：如出现两张面单或两张包（笼）签的，要求支线网络车随车人员处理，要当场确定正确的一张，同时除去另一张面单或包（笼）签，无法确定的不予中转

非快递包装：此类快件不得进入网络，必须更换快递包装后方可发出

汽运支线网络车晚点，无论何种原因，一律不得延误其他快件的正常出港，因时间紧，可优先装文件等小物品

3. 进港（到件）违禁品的处理办法

在操作过程中，无论哪个环节发现违禁品，都要拍照上报并做投诉处理。对于有污染其他快件或造成人身伤害可能性的，除通知发件公司外，还应要求收件客户上门自取，对易燃、易爆危险品拍照留存证据后，为安全起见，及时上报总公司相关处理部门认可后，可就地销毁。

4. 进港（到件）破损件的处理办法

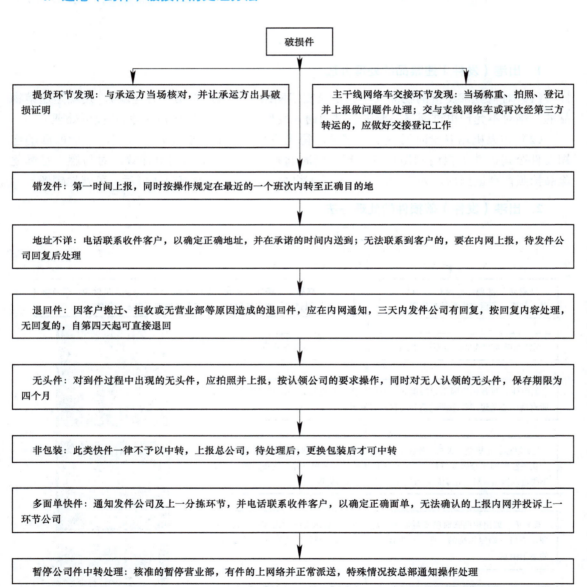

破损件

提货环节发现：与承运方当场核对，并让承运方出具破损证明

主干线网络车交接环节发现：当场称重、拍照、登记并上报做问题件处理；交与支线网络车或再次经第三方转运的，应做好交接登记工作

错发件：第一时间上报，同时按操作规定在最近的一个班次内转至正确目的地

地址不详：电话联系收件客户，以确定正确地址，并在承诺的时间内送到；无法联系到客户的，要在内网上报，待发件公司回复后处理

退回件：因客户搬迁、拒收或无营业部等原因造成的退回件，应在内网通知，三天内发件公司有回复，按回复内容处理，无回复的，自第四天起可直接退回

无头件：对到件过程中出现的无头件，应拍照并上报，按认领公司的要求操作，同时对无人认领的无头件，保存期限为四个月

非包装：此类快件一律不予以中转，上报总公司，待处理后，更换包装后才可中转

多面单快件：通知发件公司及上一分拣环节，并电话联系收件客户，以确定正确面单，无法确认的上报内网并投诉上一环节公司

暂停公司件中转处理：核准的暂停营业部，有件的上网络并正常派送，特殊情况按总部通知操作处理

5. 非本公司快件的处理办法

在提货过程中，发现非本公司的快件，应当场与提货处工作人员说明，避免出现提错货的情况

非本公司快件

6. 发生交通事故的处理办法

意外事故

无论在哪个环节出现交通事故等意外情况，当事人应第一时间通知公司管理人员，管理人员应立即采取补救措施，在最短的时间内将快件流程恢复正常

7. 滞留件的处理办法

小知识

何为滞留件？

1．正常滞留件

①主、次干线在始发时间准点的前提下，如遇堵车或天气等非人为因素造成车辆到达晚点，导致快件无法及时中转的滞留件；②由于始发区域与目的地区域的干线车辆时间节点设置衔接不上，导致滞留的快件；③按照网络管理制度要求，营业部将规定内的快件装载完毕，滞留部分超标货物在中心的滞留件。

2．非正常滞留件

①干线时间节点可以衔接，但因始发分拣中心延误发车造成晚点，导致无法及时中转而滞留的快件；②发车准点、到达准点，但因分拣中心中转延误，造成的滞留快件；③始发中心准点发车、到达晚点（迟到），导致不能正常中转而滞留的快件；④中心在规定时间内操作完成，但因营业部未能及时将快件取走而造成滞留；⑤由于营业部运载能力不足，导致滞留的快件；⑥异常快件处理（无头件、破损件、错发件、超重件、违禁品和超区件）。

1．因干线网络车非正常延误的滞留件，由中心安排车辆送达营业部，费用由干线车支付　M1

2．因营业部车辆配置不足导致到件无法正常中转形成的滞留件，由中心安排车辆送达营业部，费用由车辆配置不足的营业部承担（报中转管理部直接上账到营业部）　M2

滞留件

3．干线网络车因天气的客观原因延误导致的滞留件，由分拣中心根据情况安排车辆送达营业部，产生的费用由总公司支付　M3

4．因中心操作延误造成的滞留件，由中心安排车辆送达营业部，费用由总公司支付　M4

8. 货件填写异常的处理办法

在分拣过程中，发现编织袋、木箱等物品，未在面单之外用大头笔写上单号的；或文件包货签号没有用大头笔在编织袋外标注的快件

1

营业部交接的，由该营业部随车人员处理完毕后，再进行中转

2

分拣中心主干线下货的，应当场填写完整，并于中转结束后，向客服中心投诉责任分拣中心

3

如果文件包外无货签或无大头笔标注的单号，应当场通知发出方，征得同意后，换新货签，并登记备查

9. 无法扫描件的处理办法

拆包时，如果包签遗失或破损导致无法扫描，而外包装无大头笔写的单号，可将包内任一快件取出，在查询系统内输入该票（件）的条码，则会查出该包号

10. 多面单（货签）包件的处理办法

一票件有两张以上面单的，或文件包外有两张以上货签的

1

营业部直接交接的，由营业部人员确认并处理完毕后，再行中转

2

分拣中心主干线下货的，应通知上一分拣中心确认，按上一分拣中心的回复处理

3

如果无法当场处理，各分拣中心有权不予中转。如中转结束后，及时通知发件公司，待发件公司书面确认后，按确认内容分拣中转，事后做问题件投诉至客服中心

11. 无头件的处理办法

1

营业部直接交接的，发现无头件，立当场要求该营业部随车人员确认处理，才可中转

2

主干线网络车下货的，中转结束后，通过货签，查出该无头件的单号，通知上一分拣中心，按上一分拣中心的回复进行处理，并做问题件投诉

3

如果查不到单号，按无头件上报程序在内网上报

12. 包装不符合要求或破损件的处理办法

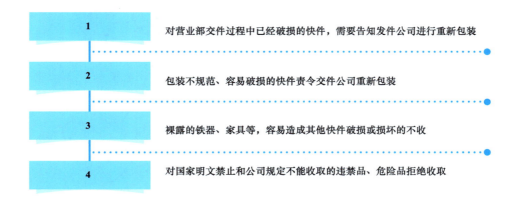

1　　对营业部交件过程中已经破损的快件，需要告知发件公司进行重新包装

2　　包装不规范、容易破损的快件责令交件公司重新包装

3　　裸露的铁器、家具等，容易造成其他快件破损或损坏的不收

4　　对国家明文禁止和公司规定不能收取的违禁品、危险品拒绝收取

任务四　快件派送作业

思政快递

快递下乡　助农扶贫

　　我国是世界第一快递大国，快递业在服务百姓生活、拉动消费方面发挥了巨大作用。以往一些乡村地处偏远、人口密度低，居住较分散，收派难度大，影响派送效率。另外，乡村里老人居多寄件不方便，当地土特产丰富，难以流通，形成"农产品无法进城，城里的工业产品无法下乡"的局面。

　　为激活了农村的消费潜力，让偏远地区的农民和城市消费者一样享有网购的便利，2014年，国家邮政局首推"快递下乡"工程，当年覆盖率达到50%，至2020年8月底，农村地区快递覆盖率已达到97.7%。

　　2016年，中央将"快递下乡"工程写入一号文件，大力推进农村供给侧改革，对接城市工业品销售和农村的消费需求，完善农村供给体系。国家大力扶持农村振兴的政策，也吸引了大批农民返乡创业，搞起电商，线上销售农产品，大大地促进了乡村经济发展。

　　邮政、顺丰、中通、圆通、申通、韵达、百世、德邦、京东、苏宁物流、菜鸟网络等快递企业响应国家号召，积极帮助提升农民的生活质量，担负起社会责任，联合电商平台助力农村经济振兴。在国家"助农扶贫"政策指引下，为当地农产品市场制定的运输解决方案，实现了农产品从田间到舌尖的"最后一公里"配送。

　　据统计，2019年，在农村收投包裹150亿件，支撑了"工业品下乡"和"农产品进城"超过8700亿元。"快递下乡"工程在脱贫攻坚中的作用是巨大的。"寄递＋农村电商＋农特产品＋农户"产业扶贫模式取得良好成效。

2020年4月，国家邮政局印发了《快递进村三年行动方案（2020—2022年）》，明确到2022年年底，基本实现村村通快递。从"快递下乡"到"村村通快递"的逐步实现，快递服务为农民生活带来极大便利，为农产品进城和工业品下乡打通渠道。同时也让越来越多的农特产品进入城市消费者的家庭。这是国家的一项真正的民心工程。

活动一 准备派件

学习目标

1. 能说出派件人员的仪容仪表标准。
2. 能处理派件工具常出现的简单问题。
3. 能及时掌握业务信息和行业动态。

工作情境

小王是路路通快递公司中山网点的派件员。今天早上他被通知有派件任务，可快件处理中心的快件分拣工作还没结束。在这个时间里，他开始忙碌于派件准备。假如你是小王，试完成他的工作。

工作任务

任务名称：准备派件
建议课时：1课时

工作准备

请问，你在进行准备派件活动的时候，需要哪些工具？

工作场所

请问，你会在哪个工作场所进行准备派件活动？

工作安全

请问，你在进行准备派件活动的时候，应该注意哪些事项？

1) 派件员的仪容仪表务必规范标准，严格按照公司要求执行，切勿擅自主张

2) 派件工具的检查要求仔细认真，切记不要大意，以免派送过程中出现交通事故

工作安全

3) 辅助工具的准备务必根据当天的派送任务合理选择，充分准备

4) 派件员务必留意公司最新业务动态

工作步骤

单证准备 1	工具准备 2	形象准备 3	业务准备 4
➢ 工作证 ➢ 收据发票 ➢ 零钱 ➢ 驾驶证 ➢ 行驶证	● 防雨防潮工具 ● 通信工具 ● 常用的交通工具	○ 仪容要求 ○ 仪表要求	◆ 公司通知 ◆ 行业动态 ◆ 市场变化

一、单证准备

（一）工作证（上岗证）

进入客户场所时，应主动出示工牌，礼貌地与客户处的员工打招呼并进行自我介绍。

练习："您好！我是××快递的派件员，我是来送快件的。"

作用：
➢
➢
➢

（二）收据或发票、零钱

（1）发票是指在购销商品、提供或者接受劳务和其他经营活动中，开具、收取的收付凭证，由税务机关统一印制、发放和管理。纳税人根据经营范围向税务机关领购相关发票。发票最主要的作用有两个：一是_____的原始凭证，这既是买方的支出证明，同时也是卖方的收入证明，是单位和个人生产经营会计核算的重要凭证；二是_____的合法凭证，万一质量有问题，就可以索赔。

（2）收据仅适用于与经营无关的往来款项的凭证。如果要进入成本费用，必须是发票。如果收据计入成本费用的话，税务部门查到后，要调整增加应纳税所得额，征收企业所得税。

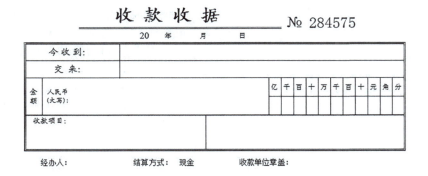

收 款 收 据　　№ 284575

20　年　月　日

今收到：		
交 来：		
金额	人民币（大写）：	亿 千 百 十 万 千 百 十 元 角 分
收款项目：		

经办人：　　　结算方式：现金　　　收款单位章盖：

（3）零钱用于到付件或代收货款时便于找零，提高派送效率。

（三）驾驶证、行驶证

（1）驾驶证是_____随身携带的，行驶证是_____携带的。行驶证就是车的户口本，一辆车一个证。

（2）行驶证、车辆号牌以及车辆档案是一套的，需要到车管所办理，而驾驶证是在驾管所办理的。

（3）不管是哪位派件员开车外出派件，都要带上行驶证和驾驶证。

（4）简单地说，驾驶证是跟人走的，行驶证是跟车走的。

二、工具准备

（一）防雨防潮工具

 雨布	 雨衣	主要是雨衣和雨布。其用途：

药品快递途中被雨淋，快递公司赔偿客户上万元	原告将其货物交由被告下属的金华市某货运服务部承运，并由金华加盟店出具被告名义的快递寄件单，因此，原、被告双方已形成货物运输合同关系，被告作为承运人，应当按法律规定和双方约定将货物安全运抵目的地，并对运输途中有关货物损失承担赔偿责任。金华市某货运服务部和椒江店等加盟店作为被告的下属机构，其经营过程中产生的法律后果应由分公司承担。
8月13日，浙江某医药公司委托一快递公司运送药品接骨七厘散720盒（计人民币14184元）至台州某医药公司，支付了16元运费后，快递公司向原告出具了被告印制有格式服务契约的快递寄件单1份。该契约免责条款中约定：快件遗失的按运费的五倍赔偿或免费补寄。	
8月18日，原告得知，由于所运药品在运输途中被雨淋湿，遭收货人拒收后，药品从椒江退回金华，经查已全部损坏。该药品的运输途径为：深圳市某快递有限公司上海分公司（金华市某货运服务部）—杭州分拨中心—台州分拨中心—椒江站。药品是在椒江站签收后被收货人拒收的。	关于托运药品损失额，鉴于原告已向法院提交了托运药品的清单，并开具了增值税发票，其损失以增值税发票上记载的数额为准，故原告要求被告按增值税发票载明的价款赔偿的诉讼请求成立，予以支持。
事件发生后，原告曾与被告多次交涉都没有结果。12月21日，原告浙江某医药公司向婺城区法院提起诉讼，请求判令被告赔偿原告药品损失14184元。	这个案例中，快递公司工作人员在派件时应该如何保护快件、防止快件被雨淋？
损失金额怎么算？	答：

（二）通信工具

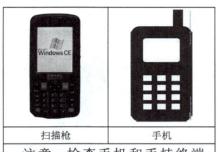

扫描枪	手机

注意：检查手机和手持终端，确保处于正常工作状态

预约客户，确定客户是否有空收取快件

（三）常见的交通工具

小推车

电动车

确认交通工具的工作状况良好、交通工具的清洁，防止污染快件

摩托车

小汽车

三、形象准备

（1）派件员在派件前，要检查自己的仪容是否得体，确保个人仪容符合规范。

仪容要求

头发：长短适中，要勤洗，无头皮屑，且梳理整齐；不染发，不留长发，以前不盖额，侧不掩耳，后不及领为宜；保持端正的发型（女士要把头发扎起来）。

面容：男士刮净胡须，面部保持清洁，眼角不可留有分泌物，如果戴眼镜，应保持镜片的清洁；保持鼻孔清洁，平视时鼻毛不得露于鼻孔外；女士化淡妆。

口腔：保持口腔清洁，早、午餐不吃有异味的食品，不饮酒或含有酒精的饮料，保持嘴角清洁。

（2）快递服务人员应着公司统一工装（制服）。工装一般泛指人们在工作场合的着装，对快递服务人员来说，工装意味着在工作时，按照有关规定应当穿着与本人所扮演的服务角色相称的统一制作的正式服装。上岗时着工装，不仅减少了快递服务人员在服饰搭配上的精力消耗，保证全体员工着装的整齐划一，而且还可以增强其归属感、向心力和凝聚力。

仪表要求

四、业务准备

（一）阅读网点内部宣传栏

各站点、中转部：

近期有多家快递企业因未实行验视制度，已被各省邮政管理局处罚，甚至被责令暂停经营，近年以来，各站点业务量都呈上升趋势，为了能做好寄递安全工作，杜绝事故的源头和隐患，各站点要充分认识邮路安全对社会稳定的重要性。全国各省的邮政监管局已在当地开展了关于验视快件的暗访工作。

凡通过邮寄、小件快运、包裹托运等方式寄递物品，各站点要通知业务员一律开包、开箱检查，严格查验，登记承办人的有效身份证件，必须认真核查登记物品名称及发货人、收货人、货主的姓名、地址、身份证号码等信息。

第一，强化落实收寄验视制度，坚决将各类危险品堵在寄递渠道之外。要按照"谁经营，谁负责"的原则，严把收寄关，尤其留意新客户及上门寄递的快件，确保安全后方可收寄，必须做到"不验视不收寄、不能确定安全的不收寄"。

第二，认真学习总公司的违禁品目录，严禁收寄禁寄物品，杜绝一切安全隐患。

第三，加强重点部位、重点环节的安全防范，加强分拣场所的门禁制度，健全内部防控体系，做好员工安全思想教育工作。

第四，接收客户及宾馆、车站、码头等不固定与所有不熟悉客源寄递的快件时，一律开包、开箱检查，严格查验，登记承办人的有效身份证件，必须认真核查登记物品名称及发货人、收货人、货主的姓名、地址、身份证号码等信息。对于不配合验视的快件坚决拒绝收取。

望各站点一定要高度重视、百倍警惕寄递物品的安全，尽最大努力采取强有力的措施确保邮路的安全。总部将按照"谁经营，谁负责"的原则，如因在收寄过程中未严格执行当面验视制度，严重违反国家关于邮路安全的规定，收寄禁止寄递的物品，相关寄递安全工作制度未落实，职责不到位，管理存在漏洞，安全工作存在严重隐患的，一经查处，总部将处以重罚！

网管中心

××××-××-××

（二）掌握公司新的业务动态（以顺丰跨省即日到为例）

1. 跨省即日到

为满足客户对快件高时效的需求，顺丰率先推出"跨省即日到"产品，实现跨省城间快件当日收取当日送达，承诺不到退款，让您轻松体验顺丰快捷、安全、优质的专业快递服务！

2. 增值服务

保价、特殊安全、MSG（签收短信通知）、签回单、自取。

3. 产品线路与价格

服务线路会随航班情况调整，不同线路价格会有差异。

4. 服务时效与服务时间

承诺当日 22:00 前派送；国家法定节假日不提供跨省即日到服务。

5. 产品优势

（1）特殊操作全力保障时效，收派运输各环节均优先处理，信息及时流转，反应更灵敏。

（2）承诺即日送到，不到退款。

选择跨省即日到产品后，若出现送件延误，即超过当日所承诺的派送时效，经确认不属于免责条款范围内的，顺丰将退还全部运费。

（三）了解相关操作通知

（1）国家邮政局下发通知，要求所有快递公司都要执行，消费者不同意验视的，将不予收寄。快递企业执行不到位的，将停业整顿直至吊销快递经营许可证。

（2）2013 年 9 月 10 日，广东省公安厅称该厅正在推行快递行业实名制，2013 年内在惠州、珠海试点，2014 年全省全面推广。实行实名制后，寄、收每一份快件，客户都需要出示身份证，将个人信息录入快递员手中的终端设备。据了解，个人信息不会显示在终端设备上，而是传输进公安部门的信息平台。

（四）顺利交接班

清楚与自己相关的替（换）班工作安排（由指定调度人员安排），并做好相应的准备。

活动二　交　接　快　件

学习目标

1. 能准确核对交接快件数量。
2. 会填写派件清单。
3. 会根据规定检查交接快件。
4. 能说出交接快件的异常情况处理方法。

工作情境

今早，快件已运到营业网点。派件员小德主要负责A市阜沙区域的快件派送，根据分拣结果共有32票。现在，他正和网点仓管员办理交接手续。假如你是小德，试完成他的工作。

工作任务

任务名称：交接快件
建议课时：1课时

工作准备

请问，你在进行交接快件活动的时候，需要哪些工具？

工作场所

请问，你会在哪些工作场所进行交接快件活动？

工作安全

请问，你在进行交接快件活动的时候，应该注意哪些事项？

工作安全	
1）保价快件，尤其是易碎易腐怕潮等快件，要谨慎交接，确保内件物品安全无损	2）快件务必逐一清点，确保清单数量与实物数量一致
3）代收货款快件的交接要单独清点检查，并在清单上备注说明	4）快件派送清单的填写信息务必真实、准确，而且字迹工整

工作步骤

一、生成派件清单

仓管员完成快件出仓扫描枪扫描后，与收派员当面点清快件并交接件数。仓管员把双方交接的数量登记在派件交接表的"出仓票数"和"出仓件数"栏，收派员检查确认并在"收派员签字"栏内签字。

派件交接表

年　月　日

序　号	日　期	出仓票数	出仓件数	金　额	收派员签字	备　注
1						
2						
3						
4						
5						
6						
7						
8						
9						
10						

填写要求：信息完整、准确，字迹工整清晰。

二、快件数量核对

<table>
<tr><td>1.

➢ 根据交接清单_____核对总数是否与实物数量相符
➢ 如果不相符，需要立即向处理人员反馈，双方应再次确认交接快件</td><td rowspan="2" style="text-align:center">

核对交接
快件数量的
要领</td><td>2.

➢ 如果不相符，需要立即向处理人员反馈，与其确认快件是否未到齐或者遗失
➢ 检查实际交接的快件件数是否与运单注明件数_____</td></tr>
<tr><td>3.

➢ 单独清点_____快件的数量
➢ 在派件清单中详细注明</td><td>4.

➢ 易碎、高价值快件，_____
➢ 单独处理_____快件
➢ 每个环节交接都需要双方签字确认</td></tr>
</table>

三、快件包装检查

（1）快件轻微破损且重量无异常，网点处理人员对快件进行_____，并在_____相应位置登记破损情况后，由业务员对快件进行试派送。

（2）快件破损严重，且重量与运单填写重量不符，必须将快件____在派送处理点，由派送处理点处理人员按照相关规定处理。

（3）发现封口胶纸异常（如非本公司专用封口胶纸、有重复粘贴痕迹），立即上报网点有关人员并交由其处理。

检查快件
外包装情况

四、液体渗漏情况检查

若轻微渗漏：

检查是否有液体渗漏情况

若渗漏情况严重：

樊先生任职于广州××快递公司，位于广州省增城区新塘镇，本周日上午，他接到一张来自东莞的单子，客户是"东莞×××处理有限公司"，货物是6个蓝色的中型塑胶桶，目的地为广州省萝岗区永和街道。到达目的地后，樊先生要将塑胶桶卸下车，在此过程中，塑胶桶倾侧，桶底几滴液体漏出，落在他的腿上，正中膝盖，他当时的感觉是火辣辣的，又热又痛，他用刀把滴有液体的一截长裤割破，发现膝盖已是一片红肿。待到下班回家后，他以为没有大碍，谁知情况急转直下，膝盖从红肿到长出水泡；水泡增多扩大，逐渐溃烂，直至形如灼烧般发焦。最后医院鉴定为二度烧伤。

思考：

1. 快件里的液体泄漏致工作人员受伤，到底是谁的责任？
2. 遇到快件有液体渗漏，应如何处理？

五、快件运单检查

检查快件运单是否脱落、湿损、破损，运单信息是否清晰明了。

运单脱落	运单破损	运单粘贴不牢	运单模糊不清	运单无法识别
立即交由：	若轻微破损且不影响查看快件信息，则：	用快递企业专用胶纸粘贴牢固。	若可识别运单单号的，将快件交由：	快件处理人员可通过系统：

六、快件的收件人地址检查

是否超出派送范围	收件地址是否详细无误	收件人姓名是否具体无误
应及时：	则需要：	姓名务必是：

七、快件交接签字

仓管人员将快件交接给派件员，派件员对快件进行核对、检查无误后，由交接双方在相应的派件清单上签字确认。

活动三 路线规划

学习目标

1. 根据所属的派送区域，能确定合理的派送路线。
2. 能合理排序不同类型的快件并装车。
3. 能充分利用派送工具，合理规范地装载快件。
4. 会捆绑快件。

工作情境

今天派件员小谦共有 30 份快件需要派送，可这些快件分属阜沙镇不同区，其中 4 件来自卫民村（1 件为时效快件）、2 件来自牛角村、1 件来自阜东村、5 件来自罗松村、9 件来自阜沙村（1 件为保价快件）、1 件来自大有村（非常规快件）、3 件来自丰联村、5 件来自上南村。假如你是小谦，试完成他的工作。

工作任务

任务名称：路线规划
建议课时：4 课时

工作准备

请问，你在进行路线规划活动的时候，需要哪些工具？

工作场所

请问，你会在哪些工作场所进行路线规划活动？

工作安全

请问，你在进行路线规划活动的时候，应该注意哪些事项？

	工作安全	
1）注意捆扎力度，必须确保快件捆扎牢固，同时力度也不要太大，避免捆坏快件		2）捆绑快件一定要牢固可靠。在保护快件的基础上，对快件捆绑必须扎实，以免丢失
3）快件派送路线的设计，需要综合考虑派送区域的路况、车流量、当日快件量、快件类型等要素		4）表面有钉、钩、刺等突出部件的快件，需要单独携带，不得与其他快件捆扎在一起，以免损坏其他快件

工作步骤

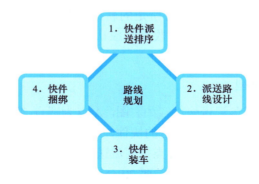

一、快件派送排序

快件派送排序是指派件员为安全、高效、准确地完成快件派送任务，结合快件派送路线及快件时效要求，将本次需要派送的快件按照准确、及时的原则进行整理、排列。

为了规范网点派送区域，快递公司都会对网点派送区域进行统筹规划，并实行派送区域承包制，即由指定派送员负责某一个或者若干个派送区域。为了高效率、高质量地完成派送服务，派件员务必对该区域的快件进行合理排序。

顺　序	快件类型	说　明
1	优先快件	等通知派送的快件，客户有较严格的时间要求，可能具体到某一天，也可能具体到某一天的某一小时
2	特殊快件	对于一些高价值、易碎、对客户有较高重要性的快件，如保价快件，由于风险随着携带时间延长而增加，因此为降低风险，可优先派送
3	快件时效	将派送时效要求相同或相近的快件放在一起，先排列时效要求高的快件，再排列时效要求低的快件
4	先集后散	根据派件地址的集中程度，优先考虑派件地址集中的快件，这样能缩短派件时间
5	先近后远	根据派件地址与网点的距离来考虑，优先考虑派送距离较近的快件，这样节省了劳动强度和劳动时间
6	先重后轻 先大后小	根据快件的类型，优先考虑大型（较重）快件，这样就可减少装卸搬运的劳动强度

备注：派件员在实际排序作业时，并非只按照某个单一的原则，有时需要综合多个因素进行权衡。

例1：从 A 地出发，有九票派向 A、B、C、D、E、F、G、H、I 不同地段的快件，分别是即日到达快件 B、较重快件 C、二次派送快件 D、客户预约两小时内派送快件 I、普通快件 A、E、F、G、H，请设计出派送顺序。

A	D	G	
B	E	H	
C	F	I	

二、派送路线设计

派送路线是指将业务员在派送快件时所经过的地点或路段，按照先后顺序连接起来所形成的路线。派送路线是业务员派件时所走的轨迹，合理设计派送路线可缩短行走路程，节约派送时间，提高派送效率。因此，收派员应认真查阅快件的派送地址，结合自己所辖服务区域，合理安排派送路线。

1. 满足时间和快件类型

例2： 某快递员骑自行车派送快件，如右图，A 点为网点所在地，B 点需要派送一票 1 小时内到达的快件，C 点需要派送一般物品，D 点需要派送贵重物品，E 点需要派送一票文件。A 点到 B 点需要 20 分钟，A 点到 D 点需要 20 分钟，D 点到 B 点需要 20 分钟，B 点到 C 点需要 30 分钟，C 点到 E 点需要 20 分钟，E 点到 D 点需要 30 分钟，A 点到 E 点需要 20 分钟，A 点到 C 点需要 20 分钟。请合理设计派送路线。

路线：＿＿＿→＿＿＿→＿＿＿→＿＿＿→

2. 追求最短距离

例3： 右图为中山某镇派送区域，目前共 10 票快件，来自不同位置。图中数字代表着各快件之间的距离。假如当天路况较好，派送交通工具匀速行驶，所有的快件都是普通快件，无特殊要求。请合理设计派送路线。

路线：＿＿＿→＿＿＿→＿＿＿→＿＿＿→
＿＿＿→＿＿＿→＿＿＿→＿＿＿→

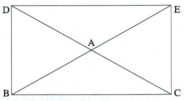

3. 距离与载重合理

例4： 如下图，有一快递处理中心 P，A ～ J 表示 P 附近的快递网点，括号内数字表示运输量（t），路线上的数字表示道路的距离（km）。假设快递处理中心只拥有 2t 车和 4t 车两种，并且限制车辆一次运输的最远距离为 30km，请问怎样安排运输路线，才能使运输距离最小？

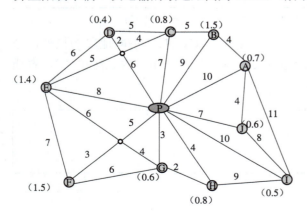

第一步：做出最短距离矩阵

	P	A	B	C	D	E	F	G	H	I	J
P	10	9	7	8	8	8	3	4	10	7
A		4	9	14	18	18	13	14	11	4
B			5	10	14	17	12	13	15	8
C				5	9	15	10	11	17	13
D					6	13	11	12	18	15
E						7	10	12	18	15
F							6	8	17	15
G								2	11	10
H									9	11
I										8
J										

第二步：做出节约里程项目

	A	B	C	D	E	F	G	H	I	J
A		15	8	4	0	0	0	0	9	13
B			11	7	3	0	0	0	4	8
C				10	6	0	0	0	0	1
D					10	3	0	0	0	0
E						9	1	0	0	0
F							5	4	1	0
G								5	2	0
H									5	0
I										9
J										

第三步：做出节约里程排序

顺位	连接线	节约里程	顺位	连接线	节约里程
1	A—B	15	13	F—G	5
2	A—J	13	13	G—H	5
3	B—C	11	13	H—I	5
4	C—D	10	16	A—D	4
4	D—E	10	16	B—I	4
6	A—I	9	16	F—H	4
6	E—F	9	19	B—E	3
6	I—J	9	19	D—F	3
9	A—C	8	21	G—I	2
9	B—J	8	22	C—J	1
11	B—D	7	22	E—G	1
12	C—E	6	22	F—I	1

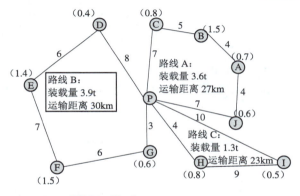

最终解：
- ✓ 路线数：3 条
- ✓ 总运输距离：80km
- ✓ 车辆台数：2t 车 1 台，4t 车 2 台

三、快件装车

快件交接完毕后，派件员在出发之前，需要将快件搬运至派送交通工具上进行装载。虽然这个距离比较短，范围也较小，但在操作过程中应严格按照作业规范执行，确保人身安全和快件安全。作为派件员，应该在操作过程中注意每一个细节，保护好每一票快件。

车　型	载 重 量	车　型	载 重 量	车　型	载 重 量
				货车分类：小型货车（2.5t 及以下）；中型货车（2.5～7t）；大型货车（7～15t）；特大型货车（15～40t）；超大型货车（40t 以上）	

149

- 装卸时要轻拿轻放，普通快件离地面30cm内可脱手，易碎快件必须离地面10cm内才可脱手
- 要轻放快件，不能直接放手任凭快件掉下，避免震坏内件

- 遇到非常规快件（大件类、超重件类等），若超出个人移动装卸范围，应使用辅助工具，不得直接在地面上推动或者滚动快件
- 严禁扔、抛、踢、压、踩、坐、拖、拽快件

- 快件堆放较高时，应使用_____工具，如使用凳子或者人字梯等，不得站在快件上进行作业
- 严禁在快件上进行野蛮操作

- 小件快件应放进派送专用挎包内。若数量较多，必须统一装进集装袋内再装车
- 严禁随意摆放小件快件。注意快件放置方向（朝上或朝下）

- 遵循"大不压小、重不压轻、先派后装、易碎品单独摆放"的原则
- 有效利用车辆装载空间，提高派送效率

- 如果用自行车、电动车、摩托车等交通工具派件时，装卸快件注意车辆的重心是否偏移和捆绑是否牢固，若不是要重新捆扎装车
- 确保快件在派送过程中安全可靠

- 快件装车时不能超过派送车辆的核定装载重量、长度、宽度等
- 严禁超载、不安全驾驶派送车辆

四、快件捆绑

当天至派送网点的快件，原则上需要在当天全部派送完毕。快递公司的派件员所用的交

通工具大部分是电动车、摩托车，还有少量的自行车。为防止快件在派送过程中散落、破损、遗失等，派件员将当天需要派送的快件进行排序后，应对快件进行捆扎、装包处理。

1. 常见捆扎材料

名　称	特点说明	图　片	名　称	特点说明	图　片
绑带	优点： 缺点：		绳子	优点： 缺点：	
塑料封条	优点： 缺点：		布带	优点： 缺点：	

2. 快件捆扎方法（列举几种，供参考）

名　称	图　片	名　称	图　片	名　称	图　片	名　称	图　片
缩绳结		双套结		八字结		称人结	
平结		渔人结		营钉结		拉柴结	

五、注意事项

对于体积小的快件，按照派送顺序，将同一地址或相邻地址的快件叠放在一起，使用布带等将其_____一起，便于上门派送时携带	对于大件类快件，若数量较多时，必须使用尾板以拓宽装载面积。但尾板不能太长或太宽，否则车辆在行驶时会妨碍路人或车辆，从而带来安全隐患	如果是不规则快件，注意捆扎方式，若快件较长，则注意与车辆长度平行捆扎，不能横着捆扎，阻碍路人或车辆行走或行驶	对于特别大、特别重、超出业务员运载能力的快件，应由专门的派送车辆和人员负责	遇到雨雪雾天气，在捆扎快件时，注意在快件上盖防雨用具，如雨布、雨衣、塑料薄膜等

活动四　派　送　快　件

学习目标

1. 会上门派件的服务礼仪。
2. 能安全高效地派送快件。
3. 能处理到付款。

工作情境

今天派件员小辉共有30票快件需要派送，可这些快件分属阜沙镇不同区，其中1票是自提件，2票是到付件，其他为普通件。假如你是小辉，试完成他的工作。

工作任务

任务名称：派送快件
建议课时：4课时

工作准备

请问，你在进行派送快件活动的时候，需要哪些工具？

工作场所

请问，你会在哪些工作场所进行派送快件活动？

工作安全

请问，你在进行派送快件活动的时候，应该注意哪些事项？

1）告知客户当面签收，同时还要认真检查签收者的身份，防止冒领	2）揭单时要注意力度，以免撕烂运单或者划坏快件
3）离开派送交通工具进行派件时，应按照有关规定妥善放置和保管好交通工具	4）遇到到付件时，应提前告知客户具体金额，以便客户备好零用钱，避免找不开

（工作安全）

工作步骤

提前通知
客户收件　　上门派件　　检查客户信息　　提示客户
验收快件

交运单
和滞留件　　返回营业部　　签字揭单　　收取资费

一、提前通知客户收件

一般情况下，快件派送前，派件员先识别快件＿＿＿＿＿＿，并电话通知客户做好收件准备。若收件地址为非常规企业办公场所（如宾馆、学校、私人住宅等），派件员在上门派件前必须电话联系客户，确认客户地址并预约＿＿＿＿＿＿。如果是到付件，还要提醒客户备好＿＿＿＿＿＿。

如果没找到正确的收件客户，需要与客户电话联系：

（1）确认客户的详细地址及预约派送时间，或由客户指定代收人。

（2）如果无法联系上客户，必须在客户处明显位置粘贴再派通知单。

（3）如果联系不上客户或派送时间在本班次之外，必须在确定当班次无法派送时五分钟之内，在手持终端上做滞留件备案，并将快件带回营业部滞留。

二、上门派件

派件员将快件按顺序进行整理，用摩托车或单车运输要保证小件入包，大件捆绑牢固，易碎品妥善放置；自带车辆运输要将大件和小件分开摆放，车辆起动前要确保关好车门，确保快件的安全。雨雪天气的快件运输要披好雨具，确保本人和快件不被淋湿。

派件员在实现门到门快件派送服务的时候，对尚未派送且无法随身携带的快件应做到安全保管。为此，派件员应严格按照以下几项原则操作：

原则1	对于体积较小的快件，应严格按照捆扎或集装要求，将快件装入随身携带的背包或挎包内，确保件不离身
原则2	对于体积较大的，不能装入背包或挎包且无法随身携带的快件，交通工具也没有密封条件的，在派送过程中，要保证快件在不离开视线4m的范围内
原则3	在确实无法随身携带，且要离开视线的情况下，必须将快件妥善放置或安排人员看管快件
原则4	若使用汽车派送时，要锁好汽车门窗，并在离开交通工具前用手再次拉动车门把手或推动窗户，确保全部锁好。若使用带尾箱的摩托车派送时，离开前应检查尾箱的锁是否锁好，用手拉一下，并锁好摩托车

针对与客户的熟悉程度不同，应采用不同的自我介绍方式。

如果上门服务次数少于两次（含两次），不认识客户或与客户不熟悉，应面带微笑、目光注视着客户，采用标准服务用语，自信、清晰地说："_____。"介绍的同时出示工牌。

介绍自己的时候要说出自己的姓名，增强客户的安全感，不要只说我是 ×× 公司的。出示工牌时，把有照片的一面朝向客户，停顿两秒，让客户看清楚照片和姓名。

如果上门服务次数超过两次，与客户很熟悉或属于公司经常服务的客户，可省略自我介绍，但应热情主动地与客户打招呼，并直接表示："您好，× 先生 / 女士，我是来为您派件的。

> ⊃案例1

快递车被盗，车上GPS帮大忙

11:40左右，某快递公司的一名派件员到喜年广场小区投递快递物品。派件员将装有很多快递物品的快递电动三轮车停在居民楼下后，拔出车钥匙就上楼了，不料等到他下楼时，却发现自己的快递电动三轮车不见了。这名派件员随即将情况告知了公司负责人。

当得知派件员运送快递的电动三轮车丢失后，快递公司梅江分部的杨经理立即拨打了公司的客服热线，通知他们打开公司计算机的GPS系统，寻找丢失快递电动三轮车的具体行踪。同时，马上报警。11:50左右，杨经理从客服人员处了解到，被盗车辆从位于解放南路的喜年广场小区出发，已经行驶到解放南路的瑞江花园附近了。

经过半个多小时的跟踪，终于发现被盗快递车辆的落脚地点。但是等到派件员和民警赶到被盗车辆所在的小区时，偷车人已经不见踪影，幸运的是车上的80多件快递物品都没有丢失。

案例体会：

三、检查客户信息

派件员将快件派送至客户处，为了快件的安全，防止他人冒领，应在核对_____后方能派送。派件员应该要求查看收件人的有效证件（居民身份证、户口簿、护照、驾驶证等），并核实与运单上填写的内容是否一致。如果客户没有随身携带有效证件，派件员应根据运单上收件人的_____与客户联系，确认收件人。

⊃案例2

谁签收了我的快递?

何先生一家以前在美国洛杉矶居住,后来何先生夫妇年龄大了便搬回中山市养老。由于两位老人在中山市没有别的亲人,而且身体不太好,所以子女经常寄一些保健品回来。7月15日左右,何先生的儿子又通过EMS为二老寄了一些保健品,说快递可以直接送到家门口。但左等右等,一直到8月11日,何先生都没收到快递。

何先生的儿子知道一直没有收到快递后,就登录快递公司网站查询,结果发现快递早在8月2日就被人领走了。何先生第二天一早来到了西区邮局询问,当时邮局称快递确实已被人领走,签收栏上也签了名。接着,邮局联系上了负责该快递的派件员,该派件员说是一名年纪比较大的女性签收了快递,而何先生表示,家里就他们老两口,而且都没签收过快递。

案例体会:

四、提示客户验收快件

收方客户身份确认无误后,派件员在将快件递交给收方客户的同时,提醒客户对快件_____进行检查。如果是一票多件的快件,需要提醒客户清点快件_____,快件的实际件数必须与运单上所填写的件数一致。

特别提醒:派件员应告知收件人_____快件。在验收过程中,若发现快件损坏等异常情况,派件员应在_____上注明情况,并由收件人(代收人)和派件员共同签字;收件人(代收人)拒绝签字的,派件员应予以注明。

⊃案例3

粗心大意惹的祸

3月8日下午,辛先生购买的一件用于维修手机的电源板被派件员送到了,由于办公室还有客户在等待,辛先生就急急忙忙地下楼取回快递。

回到办公室后,打开包裹,辛先生发现电源板的一角已经断裂,于是立刻给派件员打电话,对方告知辛先生已经验货签收,本人不再负责,可自行联系发货商更换。

于是辛先生向运送电源板的快递公司进行咨询,一位李姓工作人员表示,收件人拿到快递验收签字就说明收件人对送来的物品没有疑虑,签收后物品出现问题,无法判断责任人,建议辛先生与发货商联系。

最后,快递公司无法负责,辛先生只能吃亏了。

案例体会:

五、收取资费

收件人检查快件外包装完整无损后，如果是到付件，收派员必须与客户确认付款方式，并完成运单上付款方式栏的填写。

运费结算有以下几种情况：①到付现结。当场同客户用现金结清运费，如果客户选择到付现结，就向客户收取运费，但现金结算需要注意钞票的真伪；②到付月结。经客户确定支付方式为月结时，由收派员在运单的月结方框内打"√"；③转第三方月结付款。与客服部核对确认第三方公司的月结资料，并将公司名称＋联系人＋联系电话＋明细营业部名称，填写在第三方付款地区栏；④支票付款。在收取支票时，要注意识别公司名是否准确、完整、印章、数字是否清晰正确，支票不要折叠，涂改无效，收到支票需要检查日期是否过期，并及时上交财务；⑤如果客户拒绝付款，收派员应礼貌地向客户做好解释工作，并收回快件。确认客户拒付后五分钟内，必须直接在手持终端做滞留件备案，并向客服部备案。

六、签字揭单

（1）收派员在运单上填写派件员工号和详细目的地代码，并交给客户签收。

（2）请客户在运单的"收件人签收"栏内亲笔签名或者盖章；在运单的"派件时间"栏写上实际的派件日期，填写格式为：×月×日×时，按照24小时制。如果非收件客户本人签收，必须请客户在备注栏内注明"代收"字样。对于客户签名无法辨认或难以辨认的，收派员必须礼貌地向客户询问全名，并使用正楷字体填写在"收件人签收"栏下面，便于输单员进行录入。

（3）客户签收后，收派员将收件公司存根联交给收件客户，告知客户此单为收到快件的凭证，若签收后有问题，可凭运单号向我司反馈。收派员将结账联装进背包或挎包指定位置。

（4）客户签收快件可采取＿＿＿＿＿＿、盖章签署、＿＿＿＿＿＿三种方式。无论采取哪一种方式，一般情况下都应在外包装检查完好的情况下签字，而不用在打开外包装后再签字。但是，随着网购日益升温，假快递的现象也开始增多，为杜绝这一情况，2013年5月1日起实施的《快递服务》系列国家标准规定："快递企业收派员应告知收件人当面验收快件。如果快件外包装完好，由收件人签字确认。如果外包装出现明显破损等异常情况，快递企业收派员应告知收件人先验收内件再签收；快递服务组织与寄件人另有约定的除外。"

（5）客户在运单的指定位置签字后，收派员应将运单中的客户签收联揭取下来，拿回网点进行对账和信息处理等所用。收派员揭取客户签收联有以下几种情况：

1）背面带不干胶直接粘贴的运单。收派员左手按住运单左边打孔边，右手拿着需要客户签字的运单，用力拉，即可取下运单，粘贴在快件上的随货联不需要取下。

2）使用运单袋粘贴的运单。收派员使用小刀轻轻划开运单袋，将运单全部取出。注意划开运单袋时不得划坏运单。

七、返回营业部

（1）手持终端操作。客户在运单上签收后，收派员马上使用手持终端做正常派件扫描，并请客户在手持终端上签字。快件派送完毕，离开客户处时需要礼貌地与客户道别。

（2）滞留件处理。收派员在当班次规定的派送时间内返回营业部，如果有滞留件，必须将滞留件妥善放好，保证小件入包、大件捆绑牢固，确保快件在运输途中的安全。如果遇雨雪天气，应披好雨具，确保本人和快件不被淋湿。

八、交运单和滞留件

（1）清点运单（结账联）数量，检查确认滞留件与贴运单的一面是否正确粘贴滞留件贴纸，滞留件贴纸中的滞留信息是否准确、完整。

（2）将运单和滞留件当面交给仓管员。因特殊原因无法在规定的时限内交单的收派员，必须填写延时交单表，并经营业部负责人签字确认后，将超时的运单及签字确认的延时交单表封装在运单袋内，单独交至仓管员。双方明确交接数量，并将运单和滞留件数量填写在派件交接表的相应位置。

（3）交款根据《应收账款管理规定》，将所收的款项在规定的时间内交给营业部指定的人员。

九、智能快递柜操作——派件流程

1. 收派员

（1）通过快递柜智能系统，注册收派员身份信息，并登录。

（2）录入快件信息。扫描快递单号，系统会自动生成相关信息。如果扫描不成功，需要手动输入相关信息。

（3）根据快件包裹大小，选择使用合适的箱格。

（4）确定箱格大小之后，系统自动弹开相应空闲的柜子。

（5）收派员将快件放入箱格里，关箱门。

（6）系统自动发送信息提示收件人。（含网点地址，验证密码，24 小时有效）

（7）收派员，重复 2～5 步骤，直至放完所有快件。

2. 收件人

（1）收件人收到短信之后，在空闲时间到网点取件。

（2）到达短信指定网点后，在终端输入手机号码后四位和收到的验证码。（收到短信超过 24 小时未取件的，系统将重发验证码给用户，并提示过期，请输入最新验证码）

（3）系统检测无误时，弹开相应箱格的门。

（4）用户取件，验货，关门。

（5）用户签字，并把快件单放进相应快递公司的运单箱里。

活动五　派件异常处理

学习目标

1. 能说出简单问题件处理方式。
2. 会处理简单的异常件。
3. 能够完成投递后异常件的处理。

工作情境

小齐是路路通快递公司的新入职收派员，今天他将快件送到收件人家中，结果收件人家中无人，拨打对方电话显示关机状态，他不知道如何处理。假如你是小齐，该如何处理这种异常情况？

工作任务

任务名称：派件异常处理
建议课时：2课时

工作准备

请问，你在进行派件异常处理活动的时候，需要哪些工具？

工作场所

请问，你会在哪些工作场所进行派件异常处理活动？

工作安全

请问，你在进行派件异常处理活动的时候，应该注意哪些事项？

1) 在派件过程中，遇到自己不熟悉的异常情况时，切勿自作主张，应向公司客服部寻求帮助	2) 处理派件异常情况时，注意保持清醒的头脑，冷静对待，切勿烦躁，以免影响派送服务质量
3) 遇到收件人抱怨时，应耐心地倾听并积极配合解决，切勿与之对抗	4) 派件过程中遇到自然灾害或意外事故时，应优先考虑人身安全

工作安全

工作步骤

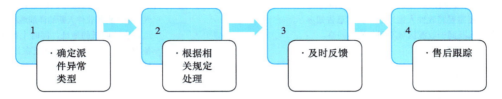

1. 破损快件的处理办法

1）外包装破损但没有影响托寄物的实际使用，收件人愿意签收并且不追究责任的，做正常派件处理

2）收件人要追究责任，应向收件人道歉并征求收件人解决问题的意见

破损件

（1）收件人检查快件时，发现外包装破损

（2）快件出仓交接过程中发现的破损件

1）报办事处仓管员并将快件滞留

2）由办事处仓管员拍照并上报客服部

☆ 收派员上报客服部，描述快件破损的情况：外包装情况，托寄物情况，填充物，是否有易碎贴纸，快件损坏程度、数量、价值，并把收件人的处理意见反馈客服部，由客服部跟进处理

☆ 收件人未签收的，需要将快件带回办事处进行拍照登记

☆ 收件人已签收的，由办事处负责人至收件人处对破损快件进行拍照登记

2. 收件地址不详的处理办法

（1）收派员根据运单的收件人电话，在出仓派送前与收件人取得联系，询问详细地址，约定时间上门派件。

收件地址不详

（2）因电话无人接、号码为传真号码、电话号码不全、电话错误等导致收派员联系不到收件人的，收派员必须将快件做滞留操作，并报办事处仓管员处理。

3. 快件付款方式不明的处理办法

（1）快件出仓交接时发现快件付款方式不明，收派员应将快件交仓管员核实上报，仓管员必须在当班次派件出仓前上报客服部

快件付款方式不明

（3）如果无法在出仓派送前核实确认，该票快件的付款方式可默认为寄付（必须经客服人员认定），按正常派送流程进行派送，可能造成的运费损失由收取该票快件的寄件方收派员承担

（2）如果出仓派送前能核实确认，必须将核实后的付款方式明确标注，并按核实后的付款方式及时派送

161

4. 收件人搬迁、收件人离职的处理办法

（1）若月结收件人搬迁，收派员除完成上述操作外，还需要将收件人搬迁的相关信息告知办事处负责人及同一收派区域不同班次的同事。

（3）若收件人搬迁，且能联系上收件人，则应询问收件人新的详细地址：1）在运单上注明新的地址，同时上报客服部备案；2）若更改后的地址在该收派员的收派区域内，则在派送时限内上门派件；3）若更改后的地址不在该收派员的收派区域内，则将快件带回办事处交仓管员处理，并说明收件人搬迁情况。

（2）若收派员无法联系收件人或收件人已经离职：1）收派员必须将情况上报客服部备案；2）将快件带回办事处交仓管员跟进。

5. 收件人地址错误的处理办法

（1）收派员将信息上报客服部 ▶ （2）收派员当班次接到确认后的地址：1）如果正确的地址在该收派员的服务区域内，必须按正常派送流程派送，并保证派送时效 2）如果正确的地址不在该收派员的服务区域内，必须将快件带回办事处交仓管员跟进 ▶ （3）若收派员当班次未接到确认后的地址，必须将快件带回办事处交仓管员跟进

6. 收件人拒付、拒收的处理办法

收件人拒付、拒收	（1）收派员将信息上报客服部
	（2）收派员将快件带回办事处交仓管员跟进

7. 派错件的处理办法

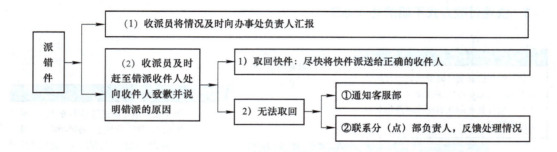

8. 改派的处理办法

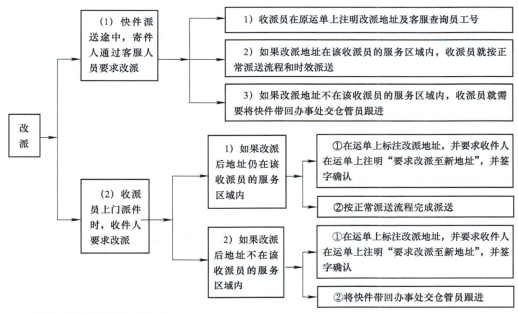

改派

（1）快件派送途中，寄件人通过客服人员要求改派
1）收派员在原运单上注明改派地址及客服查询员工号
2）如果改派地址在该收派员的服务区域内，收派员就按正常派送流程和时效派送
3）如果改派地址不在该收派员的服务区域内，收派员就需要将快件带回办事处交仓管员跟进

（2）收派员上门派件时，收件人要求改派
1）如果改派后地址仍在该收派员的服务区域内
①在运单上标注改派地址，并要求收件人在运单上注明"要求改派至新地址"，并签字确认
②按正常派送流程完成派送
2）如果改派后地址不在该收派员的服务区域内
①在运单上标注改派地址，并要求收件人在运单上注明"要求改派至新地址"，并签字确认
②将快件带回办事处交仓管员跟进

9. 收件人抢件的处理办法

（1）收派员向客服部备案并说明情况　M1

M2　（2）收派员致电办事处负责人通报情况

收件人抢件

（3）如果经协商快件无法取回，可致电110进行协调　M4

M3　（4）避免与收件人发生冲突

10. 错分快件的处理办法（仓管员错分给收派员，收派员漏拿或错拿）

1）立即与仓管员联系，确认错分快件的情况
2）将错分快件交仓管员处理，由仓管员在派件表上签字确认

1）仓管员清仓时如发现收派员漏拿快件，应立即通知收派员
2）收派员回办事处取漏拿快件
3）无法返回的，仓管员需要及时报告处理

1）收派员必须立即向办事处负责人反馈情况
2）收派员必须配合办事处负责人对错拿快件的调度进行安排

（1）交接时发现仓管员错分

（2）收派员漏拿快件

（3）收派员派件时发现错拿他人快件

11.　至收件人处，发现收件人不在的处理办法

（1）收派员根据运单的收件人电话与收件人取得联系

（2）收派员未能联系到收件人的，必须留下再派通知单，将快件带回办事处交仓管员跟进

1）收件人指定代收人，由代收人签收快件

2）与收件人约定再派时间并在备注栏内注明。约定时间在当班次内的，按约定时间上门派送；约定时间超出当班次时间的，将快件带回办事处交仓管员跟进

12.　大件或多件货物派送的处理办法

（1）　清点快件件数

（2）　致电收件人，约定派送时间

（3）　如果是到付现结快件，必须提醒收件人准备运费

（4）　将快件装车，规划路线，进行派送

13.　收件人催派快件的处理办法

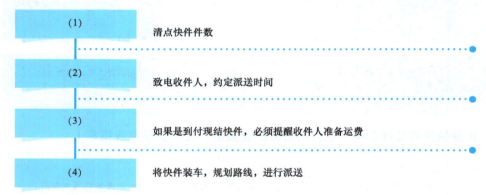

收件人催派快件

（1）若快件未出仓或尚未到达办事处，客服部应通知相应的仓管员安排优先派送

（2）若快件已出仓，正在派送途中，客服部应通知相应的收派员安排优先派送

（3）收派员接到客服部的通知后：①对所催快件进行优先派送；②告知客服部预计派送时间

14. 快件滞留，再次派送的处理办法

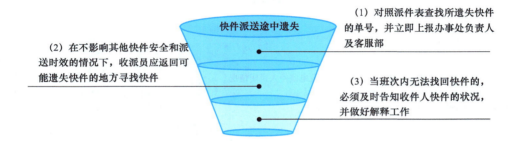

（1）滞留件派送前必须弄清楚上一次快件滞留的原因及处理结果

快件滞留，再次派送

（2）将滞留件视为正常派件，按正常派件流程安排派送

15. 快件派送途中遗失的处理办法

快件派送途中遗失

（1）对照派件表查找所遗失快件的单号，并立即上报办事处负责人及客服部

（2）在不影响其他快件安全和派送时效的情况下，收派员应返回可能遗失快件的地方寻找快件

（3）当班次内无法找回快件的，必须及时告知收件人快件的状况，并做好解释工作

16. 收件地址为敏感部门的处理办法

在与仓管员交接时发现收件地址为敏感部门	例如：	（1）由仓管员上报客服部跟进
		（2）将快件做滞留操作后交仓管员处理

17. 派件途中遇到政府部门查件或扣件的处理办法

（1）必须查看执法人员证件（如政府人员未主动出示，需要求查看）	派件途中遇到政府部门查件或扣件	（4）保管好相关快件查扣证明（如果未开具，需要主动索要）
（2）核实对方人员身份后，配合政府部门检查		（5）立即致电办事处负责人和客服部，报告被查扣的快件单号和查扣路段
（3）如果有快件被查扣，记录下被查扣快件单号、执法部名称、执法人员姓名或编号		（6）整个过程中不得与执法人员发生争执和冲突

18. 派件途中遭遇不可抗因素（如交通管制、部分路段禁止通行、进行重大活动、台风等）的处理办法

（1）

立即致电办事处负责人和客服部，报告情况（如交通管制、部分路段禁止通行、进行重大活动等还需要报告路段）

（2）

致电收件人说明情况

（3）

如果情况允许，就绕过此区域，尽量做到不影响对其他收件人的服务时效

任务五　快递客户服务

思政快递

不忘初心 最美快递

国家邮政局发布的《2019 年度快递市场监管报告》显示，2019 年快递业务量超 600 亿件，快递业务收入超 7000 亿元，快递业从业人员超过 300 万，新增社会就业 20 万人以上，为稳就业提供了重要支撑。快递业的快速发展，离不开众多快递员的辛勤努力和付出。习近平总书记高度关注快递业发展，提到"快递小哥"的安危冷暖，多次下基层与"快递小哥"交流，并赞美他们是最辛勤的劳动者。

"逆行者"——汪勇（《感动中国》2020 年度人物）

2020 年 1 月 23 日武汉暂时关闭离汉通道后，顺丰快递小哥汪勇自大年三十开始义务接送医护人员上下班，带领志愿者团队，为医护人员免费送餐，采购急需物品，协调分配医疗用品，承担各类易耗物品等维修服务，还积极参与组织募捐和配送紧急医疗物资。汪勇投递的不仅仅是客户所需的物品，更是一份暖暖的爱心。

5

"火眼金睛"——李庆恒（作为高层次人才落户杭州）

2015年，95后李庆恒入职杭州申通快递，开始从事快递员工作。成为快递分拣员后，他每晚都用最快的速度将包裹准确无误地分拣完毕，还练就了一项"报菜名"的真本事：无论快递上标明的是航空代码、区号还是邮编，他都能立马回答出来在哪个城市。凭借出色的工作完成效率和娴熟的业务技能，他拿到了2019年浙江省快递职业竞赛的第一名，被浙江省人社厅授予"浙江省技术能手"称号，因而被认定为杭州高层次人才，还获得杭州政府百万元购房补贴。行行出状元，做一件事做到极致就是优秀。

"雪域信使"——其美多吉（2019年时代楷模）

其美多吉，中国邮政集团公司四川省甘孜县分公司邮车驾驶员、驾押组组长，承担着川藏邮路甘孜到德格段的邮运任务。他驾驶邮车在平均海拔3500米的雪线上运递邮件，条件艰苦，路况险峻。30年间，其美多吉冒着生命危险，在这条路上行驶总里程达140多万公里，相当于绕地球赤道35圈，他驾驶的邮车从未发生一次责任事故，圆满完成了每一次邮运任务。其美多吉是用生命在运输进藏邮件。用心呵护，才能成就所托！

中国"快递小哥"就像小蜜蜂，风雨无阻，辛勤工作。因为他们始终记住党的关怀，不忘初心，牢记使命，坚守岗位，为千家万户的生活送上便利，全心全意为人民服务。

快递运营管理

活动一　快　件　查　询

学习目标

1. 会说快件查询的分类及处理方式。
2. 能快速地录入运单号。
3. 会使用系统跟踪快件投递情况。
4. 能及时地处理查询问题。

工作情境

客户张先生昨天通过路路通快递公司邮寄一份礼物到北京，该快件由路路通快递公司的取件员小李负责揽收。张先生有点儿不放心，于是打通了路路通快递公司的客服热线，查询快件的投递情况。假如你是该公司的话务员小美，试完成接听客户张先生的查询电话的工作。

工作任务

任务名称：快件查询
建议课时：2课时

工作准备

请问，你在进行快件查询活动的时候，需要哪些工具？

工作场所

请问，你会在哪些工作场所进行快件查询活动？

工作安全

请问，你在进行快件查询活动的时候，应该注意哪些事项？

1）快递单号录入务必准确无误，否则查不到客户的信息	工作安全	2）回答客户业务查询时，语言要简练，切勿与客户讨论或发生争执
3）反馈结果要及时，不可延误，否则将影响企业形象		4）遇到客户情绪激动的情况，应保持良好的心态，切勿与客户发生冲突

工作步骤

选择查询方式	确定查询分类	处理查询问题	反馈查询结果
查询方式：电话查询、网络查询和前台查询	一般情况下有延误、无单号、有结果等查询	根据客户的查询要求，采取合理的方式进行处理	用最合理的方式在合理的时间内将查询结果告知客户

一、选择查询方式

常见的快件查询方式有三种，分别为电话查询、网络查询和前台查询。其中，电话查询包含短信查询、微信查询和人工电话查询。

通过相应快递公司的官网对快件进行跟踪，相关信息可以直接通过快递回执单上的单号进行查询。如××快递公司的查询码为26897550×××0，则可在相应公司的网页上输入查询码并获取快递单的相关信息。下图为某快递公司网站的快件查询界面。

小知识

快件查询的定义。

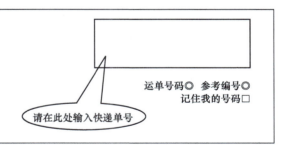

为使您能掌握货件派送的情况，我们提供了简单易用、快捷准确的货物跟踪系统。本系统列出的资料包括货件已被派送、签收等。您只需填上货件编号或客户参考编号，按"追踪"按钮，便可获得第一手派送资料。

要追踪货件，请先输入9位数货件编号。
若该货件编码（123456789）在界面上多次出现，请输入完整的货件编码，如CE123456789。

请在此处输入快递单号

运单号码◎ 参考编号◎
记住我的号码□

二、确定查询分类

查询分类	处理方式	情景模拟对话
1. 延误的查询	根据客户提供的单号在系统中找出延误的原因，给客户一个回复的时间，在承诺的时间内通过营业部或分拨中心把问题解决后，再次答复客户，或者能直接找到延误的原因或准确到达的时间也可以直接回复客户	A：您好，路路通快递公司很高兴为您服务！ B：_____ A：_____ B：_____ A：_____ B：_____ A：_____ B：_____ A：_____ B：_____ A：_____ B：_____

（续）

查询分类	处理方式	情景模拟对话
2. 无结果的查询	客户提供的单号在内网上只有发出的记录却没有任何其他相关的数据，客服人员要耐心地做好客户的解释工作，要安慰客户"一般情况下会安全的，不要过于担心"等，并尽快帮助解决；同时要问清收件的具体地址，告知客户回复的时间，在承诺的时间内解决问题并及时回复客户	A：您好，路路通快递公司很高兴为您服务！ B：＿＿＿＿＿＿＿＿＿＿＿ A：＿＿＿＿＿＿＿＿＿＿＿ B：＿＿＿＿＿＿＿＿＿＿＿ A：＿＿＿＿＿＿＿＿＿＿＿ B：＿＿＿＿＿＿＿＿＿＿＿ A：＿＿＿＿＿＿＿＿＿＿＿ B：＿＿＿＿＿＿＿＿＿＿＿ A：＿＿＿＿＿＿＿＿＿＿＿ B：＿＿＿＿＿＿＿＿＿＿＿ A：＿＿＿＿＿＿＿＿＿＿＿ B：＿＿＿＿＿＿＿＿＿＿＿ A：＿＿＿＿＿＿＿＿＿＿＿ B：＿＿＿＿＿＿＿＿＿＿＿
3. 有结果的查询	对于有结果的查询，可以立即回复客户	A：您好，路路通快递公司很高兴为您服务！ B：＿＿＿＿＿＿＿＿＿＿＿ A：＿＿＿＿＿＿＿＿＿＿＿ B：＿＿＿＿＿＿＿＿＿＿＿ A：＿＿＿＿＿＿＿＿＿＿＿ B：＿＿＿＿＿＿＿＿＿＿＿ A：＿＿＿＿＿＿＿＿＿＿＿ B：＿＿＿＿＿＿＿＿＿＿＿ A：＿＿＿＿＿＿＿＿＿＿＿ B：＿＿＿＿＿＿＿＿＿＿＿
4. 查询到投诉的转变	在查询后对结果不满意或者是潜意识地先查询后投诉的客户，要认真地做好每个步骤的工作，把结果如实地告诉客户，按查询流程处理。如果转变为投诉，就按客户投诉的流程处理	A：您好，路路通快递公司很高兴为您服务！ B：＿＿＿＿＿＿＿＿＿＿＿ A：＿＿＿＿＿＿＿＿＿＿＿ B：＿＿＿＿＿＿＿＿＿＿＿ A：＿＿＿＿＿＿＿＿＿＿＿ B：＿＿＿＿＿＿＿＿＿＿＿ A：＿＿＿＿＿＿＿＿＿＿＿ B：＿＿＿＿＿＿＿＿＿＿＿ A：＿＿＿＿＿＿＿＿＿＿＿ B：＿＿＿＿＿＿＿＿＿＿＿
5. 无单号的查询	对于无单号查询的客户，客服人员要给予理解，尽可能地根据客户提供的信息查找面单留存联；如果面单留存联没有查到，就要耐心地向客户说明查件流程和计算机系统的生成问题，如"没有单号是不能进入计算机系统去查询的"等。不能只是简单地告诉客户"对不起，没有单我们是不受理的，再见"之类的言语	A：您好，路路通快递公司很高兴为您服务！ B：＿＿＿＿＿＿＿＿＿＿＿ A：＿＿＿＿＿＿＿＿＿＿＿ B：＿＿＿＿＿＿＿＿＿＿＿ A：＿＿＿＿＿＿＿＿＿＿＿ B：＿＿＿＿＿＿＿＿＿＿＿ A：＿＿＿＿＿＿＿＿＿＿＿ B：＿＿＿＿＿＿＿＿＿＿＿ A：＿＿＿＿＿＿＿＿＿＿＿ B：＿＿＿＿＿＿＿＿＿＿＿ A：＿＿＿＿＿＿＿＿＿＿＿ B：＿＿＿＿＿＿＿＿＿＿＿

5

（续）

查询分类	处理方式	情景模拟对话
6. 同行单号的查询	要礼貌地提醒客户所报的单号不是本公司的快递单号，本公司的单号有特殊形成的编码。在适当的时候要提问客户还有什么需要为其服务的，争取给客户留下好的印象	A：您好，路路通快递公司很高兴为您服务！ B：_____ A：_____ B：_____ A：_____ B：_____ A：_____ B：_____ A：_____

三、快件查询中常遇到的问题与解决方式

快件查询的作用：方便客户，提高服务水平；可以实时了解快件交寄的全程信息；对于承诺时限的快件，可以提供有效的佐证材料或证据。

小知识

快件查询的有效期。

在快件的查询过程中通常会遇到一些新的问题和棘手问题，这种情况下客服人员不能慌张，要冷静面对，从而突显快递公司的服务质量。

问题类型	处理方式	情景模拟对话
1. 客户没有单号却非要查出结果，且非常不讲理	首先要细致耐心地解释，但时间不可以过长。可以采用举例说明：您去银行查询您的存折里有多少金额，柜员一定要您提供密码，但您说我没有密码，我就是存折中的本人，这是没有用的，因为您没有密码，银行柜员就不能为您提供服务。我们知道您的快件是在我们快递公司发的，但没有单号就像没有密码一样，我们根本进入不了系统为您服务	A：您好，路路通快递公司很高兴为您服务！ B：_____ A：_____ B：_____ A：_____ B：_____ A：_____ B：_____ A：_____ B：_____ A：_____ B：_____ A：_____ B：_____
2. 客户由于急等快件用，一查件就开始不停地责怪或谩骂客服人员	客服人员不要计较客户当时的态度，给客户一定的时间去发泄情绪，但要及时把正题带到客户所说的根本问题上。如"××先生，快件没有到给您带来很多不便，十分对不起。我听得出来您十分着急，您看是否能先把快件的情况和我说一下，我先赶快安排您的快件，把快件尽快处理好，然后再解决您的投诉？"。客服人员应以恰当的方式提醒客户，既然是很急的快件，还是以解决快件为先。如果妥善地处理好快件，客户的怒气自然会平息很多	A：您好，路路通快递公司很高兴为您服务！ B：_____ A：_____ B：_____ A：_____ B：_____ A：_____ B：_____ A：_____ B：_____ A：_____ B：_____ A：_____ B：_____

（续）

问 题 类 型	处 理 方 式	情景模拟对话
3. 查件时发现快件错发到了异地，客户还急用，要求当天必须解决	快件错发到了异地，基本上是不可能在当天转发到目的地的。首先我们必须向客户致以深切的歉意，之后要尽力地向客户做解释，如没有航班、汽运无法配载、时间的确不允许等客观的原因。当然，客户或许不愿意听我们解释，但我们还可以谦虚地征求客户能否有其他的方法与途径来解决或者是否可以明天到达，并且联系目的地公司，说明该快件一旦到达请协助尽快派送等	A：您好，路路通快递公司很高兴为您服务！ B：_____ A：_____ B：_____ A：_____ B：_____ A：_____ B：_____ A：_____ B：_____ A：_____ B：_____ A：_____ B：_____ A：_____ B：_____

活动二 快递投诉

学习目标

1. 能处理快递服务差的投诉。
2. 能处理快件延误的投诉。
3. 能处理快件损毁的投诉。
4. 能处理快件丢失的投诉。
5. 能处理客户的无理投诉。

工作情境

客户张先生昨天查询了自己快件的投递情况，发现原定第二天中午到达的快件，却迟迟未派送，一气之下，客户张先生便打电话投诉路路通快递公司。假如你是该公司的投诉受理专员，试处理客户张先生的投诉需求。

工作任务

任务名称：快递投诉
建议课时：4课时

工作准备

请问，你在进行快递投诉受理活动的时候，需要哪些工具？

工作场所

请问，你会在哪些工作场所进行快递投诉受理活动？

工作安全

请问，你在进行快递投诉受理活动的时候，应该注意哪些事项？

1）遇客户情绪激动时，应耐心倾听客户诉说	工作安全	2）切勿让快递公司相关责任人与客户当面协调处理，避免投诉事件升级
3）投诉处理完毕后，要对客户进行跟踪调查，了解他的满意程度		4）记录投诉内容要简单明了、真实，遇到问题切勿擅自主张

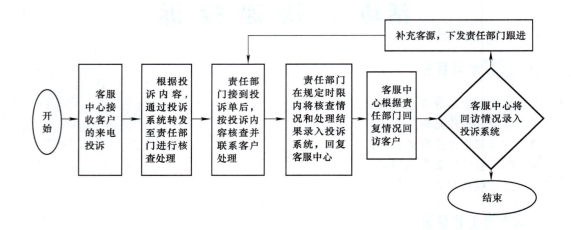

一、快递投诉的处理流程说明

一般情况下，快递投诉的处理流程包括以下几个步骤：

1. 记录投诉内容

根据客户投诉登记表详细记录客户投诉的全部内容，如_____、投诉_____、投诉_____、投诉要求等。

小知识

快递投诉的定义。

2. _____

在了解客户投诉的内容后，要确定客户投诉的理由是否充分，投诉要求是否合理。如果投诉不成立，就可以委婉的方式答复客户，以取得客户的谅解，消除误会。

3. _____

依据客户投诉的内容，确定相关的具体受理单位和受理负责人。如果是运输问题，就交储运部处理；如果是质量问题，就交质量管理部处理。

4. _____

要查明客户投诉的具体原因及造成客户投诉的具体责任人。

5. _____

依据实际情况，参照客户的投诉要求，提出解决投诉的具体方案，如退款、继续派送、赔偿等。

6. _____

针对客户投诉的问题，主管领导应对投诉的处理方案一一过目，并及时做出批示。根据实际情况，采取一切可能的措施，尽力挽回已经出现的损失。

7. _____

处罚直接责任者，通知客户，并尽快收集客户的反馈意见。对直接责任者和部门主管要根据有关规定做出处罚，对不及时处理问题而造成延误的责任人也要追究相关责任。

8. _____

对投诉处理过程进行总结与综合评价，吸取经验教训，并提出改善对策，从而不断完善企业的经营管理和业务运作，提高客户服务质量和服务水平，降低投诉率。

二、快递投诉的处理服务规范

1. 快递企业应提供畅通的_____渠道（如网络、信函、现场接待、电话）。

2. 受理客户投诉时，应_____，表示理解和关注，不打断客户讲话，不与客户对立、争辩，不将自己的观点强加于客户。

3. 客户投诉陈述完毕后，受理人员要_____，取得客户确认；对能够即时答复的问题，应立即答复；不能答复的问题，应记录____、邮件信息和_____，并及时转告处理投诉的_____；负责处理投诉的责任部门应立即告知客户收到投诉，并告知答复时间。

4. 对客户投诉的处理

序　号	投诉情况	投诉处理
1	对于非客户原因造成的丢失、短少、损毁、逾限问题	明确表示承担责任，并向客户_____；如果涉及赔偿事宜，就进入理赔程序
2	对于服务中的态度、语言问题	要立即承认错误，向客户赔礼道歉，并向其征询_____
3	对于无理投诉的问题	态度和语气要_____，讲清道理和现有制度规定
4	遇到难以独立处理的投诉	应会同相关部门共同处理，不_____，不_____，不_____

5. 投诉处理时限

序　号	投诉情况	投诉级别	投诉处理时限	要　求
1	服务态度差、语言冲突	简单问题 ★☆☆☆☆	_____个工作日内处理完毕	投诉处理率为100%，投诉答复率为100%
2	快件延误	复杂问题 ★★★☆☆	_____个工作日内处理完毕	
3	非客户原因造成的快件损毁、短少、丢失	重大问题 ★★★★★	_____个工作日内处理完毕	

6. 投诉受理中常遇到的疑难问题与解决方式

序 号	疑难问题	解决方式	情景模拟
1	纯属发泄怨气，不要什么结果	对于这种情况，客服人员需要耐心地倾听客户的抱怨与宣泄，不要过多地解释与插话。在适当的时候表示自己的理解，但要把握好度，不要让客户以为你是在说反话或者是应付。如果遇到性格暴躁的客户，应尽量倾听他讲话，要及时发出回应的声音，如"嗯""哦""十分对不起""是的"之类的声音，不要让客户感觉客服人员没有听，不尊重他。切记，不要在这个时候与客户讲理由与经过等，哪怕是再有说服力的理由，这时也不会起作用。当然，当客户宣泄得差不多的时候要抓住时机与之进行交流，表示理解并道歉，同时表示会及时改进和处理	
2	既要发泄怨气，又要解决问题	同上的对待方式，之后客服人员还要耐心及时地为客户解决问题，不要因为客户的谩骂而不解决问题，更不要把问题推诿到其他公司，不要发生因为投诉而引起的再投诉	
3	就要一个说法，但又不接受任何说法与歉意	客服人员只能深表歉意，不找任何理由与借口来搪塞客户。客户不接受，客服人员还是重复地表示歉意，当中只有安慰之类的言语，不要有任何的情绪。同时要倾听再倾听，直到客户觉得也只能如此而挂了电话	
4	一定要达到他的目的，没有商量的余地	什么样的事客服人员都应多理解，因为客户是受害者，但是对于无理的要求与野蛮的行为，客服人员还是要把握原则	

三、快递投诉的内容

近年来，快递业投诉有增无减，关于"××快递公司寄的快件丢失""××寄的快件至今未收到""委托××快递公司寄的邮件丢失"的客户投诉频频出现。快递投诉的内容大致可分为以下几种：

1. 服务态度差

此类投诉最多，主要是服务人员的职业道德与个人素质造成的，一般表现在业务员和客服人员方面的较多，当然此类问题也会发生在公司的管理层身上。

情 景	处理方法	模拟对话
梁先生拨打某快递公司电话，问其大概什么时候能够将快件送到，结果话务员服务态度极差，答道："不知道，过两天再说。"随即挂掉梁先生的电话。随后梁先生再拨打电话，电话却一直处于"话务员正忙，请等待"状态。一气之下，梁先生拨打了该公司的投诉热线	遇到此类投诉电话，客服人员要对客户进行安慰和致歉，然后告诉客户会进行调查和处理，并留下客户的联系方式表示会及时回复客户，之后要立即查处并把处理结果告诉客户。如遇客户提出经济补偿、登报、公开道歉等要求时，在合理范围内客服人员要尽可能满足；但对于不合理要求，要礼貌地告诉客户，根据《快递行业服务标准》规定，不能满足客户的要求。如果网点公司对客户有人身攻击或侵犯尊严的，可以通过其他合法形式进行处理	专员：您好！欢迎致电路路通快递公司。 客户：你们公司的话务员服务态度怎么这么差。 专员：

2. 快件延误

没有严格按照承诺的时间把客户的快件送达目的地引起客户的不满，甚至是在客户多次催促下才给送过去或者还是不送，在此种情况下，无论事情是否属实，客服人员首先都应向客户表示歉意，之后立即根据提供的单号与详细地址进行调查。目前，快递行业延误晚点的问题最严重，主要是因为路上堵车、车辆故障、交通事故、航班延误等原因，具体分以下几种延误：

（1）客观因素延误。如当地的恶劣气候或是交通事故等。
（2）人为因素延误。如业务员没有及时派送或者是忘送。
（3）信息因素延误。如电话空号、停机、地址不详。
（4）超区因素延误。如在规定派送范围外的地址。

情　景	处理方法	模拟对话
因连日暴雨，路上堵车严重，导致原本今日派送的快件无法按时送达。于是客户李先生便投诉快递服务	以上各种类型的延误不管是什么原因，已经造成了事实的延误，客服人员必须给客户一个合理的解释和解决方案，同时要及时处理并把快件迅速送达。如果造成了经济上的损失，客户要求赔偿时，应根据《快递行业服务标准》对客户进行理赔	专员：您好！欢迎致电路路通快递公司。客户：你好！我的快件说是今天送达，怎么到现在一点消息都没有？

3. 快件丢失

在快件运送过程中，有多个环节是单人进行的，如收件员上门取件、送件员送件上门等。在这些过程中，企业无法对物品进行全方位的监控，加之从业人员的素质良莠不齐，因而给"内盗"留下了作案机会，致使快递物品丢失。

情　景	处理方法	模拟对话
王小姐在网上团购一台手机，结果签收时发现包裹里只是块砖头，手机不见了。于是王小姐马上致电商家，商家确认手机已寄出	根据《快递行业服务标准》中的规定与客户协商并酌情考虑赔偿问题	专员：您好！欢迎致电路路通快递公司。客户：你好！我的快件里本来是手机，怎么变成了砖头呢？

4. 快件损毁

快件物品大都需要经历多次转车装运，而目前快递企业的硬件保障设备还不完善，因各个环节从业人员在运送过程中的粗暴野蛮操作而造成物件损毁的事件屡有发生。

情　景	处理方法	模　拟　对　话
林先生邮寄一个陶瓷藏品回老家，结果签收的时候，外包装良好，打开内包装后发现里面的陶瓷藏品已经破损，完全失去了价值 	根据单号具体了解调查。如果是包装原因造成的，客服人员要了解发件时快件是客户包装的还是业务员包装的。如果是客户包装的，原则上不予理赔；如果是运输过程或是网点原因所造成的，在没有保价的前提下按照《快递行业服务标准》中的规定理赔；如果在快件已经签收并且业务员离开之后要求赔偿的，客服人员应当礼貌地拒绝客户此类请求	专员：您好！欢迎致电路路通快递公司。 客户：你们公司的工作人员把快件弄坏了。 专员：

活 动 三　快 递 理 赔

学习目标

1. 能说出快递理赔的程序。
2. 会破损件的理赔工作。
3. 会遗失件的理赔工作。
4. 会延误件的理赔工作。

工作情境

经查询，客户张先生的四个快件出现了不同的异常情况：有的已丢失，有的晚到了一天，有的内件物品被调包，还有的内件出现了损毁。无奈之下，张先生只好找快递公司赔偿损失。假如你是该公司的理赔专员，试处理客户张先生的理赔工作。

工作任务

任务名称：快递理赔
建议课时：4课时

工作准备

请问，你在进行快递理赔活动的时候，需要哪些工具或材料？

工作场所

请问，你会在哪些工作场所进行快递理赔活动？

工作安全

请问，你在进行快递理赔活动的时候，应该注意哪些事项？

1）理赔材料务必真实、齐全，防止假冒材料骗取赔偿金	工作安全	2）如果理赔结果不能达成一致，可通过司法手段解决，切勿意气用事
3）投诉处理完毕后，要对客户进行跟踪调查，了解他们的满意程度		4）确定理赔责任时，切勿擅做主张，应严格按照公司规定进行处理

一、索赔程序

1. 索赔申告

寄件人在超出快递服务组织承诺的服务时限，并且不超出快件受理索赔期限内，可以依据索赔因素向快递服务组织提出索赔申告。快递服务组织应提供索赔申告单给寄件人，寄件人填写后递交给快递服务组织。

2. 索赔受理

快递服务组织应在收到寄件人的索赔申告单24小时内答复寄件人，并告知寄件人索赔处理时限。

3. 索赔处理时限

索赔处理时限是指从快递服务组织就索赔申告答复寄件人开始，到快递服务组织提出赔偿方案为止的时间间隔。快递服务组织除了与寄件人有特殊约定外，索赔处理时限应不超过：①同城和国内异地快件为30个日历天；②港澳台快件为30个日历天；③国际快件为60个日历天。

4. 赔金支付

快递服务组织与寄件人就赔偿数额达成一致后，应在7个日历天内向寄件人或寄件人指定的受益人支付赔金。

5. 索赔争议的解决

寄件人与快递服务组织就是否赔偿、赔偿金额或赔金支付等问题可先行协商，协商不一致的，可依法选择投诉、申诉、仲裁、起诉等方式，如果选择仲裁，应在收寄时约定仲裁地点和仲裁机构。

二、赔付对象

快件赔付的对象应为寄件人或寄件人指定的受益人。

三、索赔因素

索赔因素主要包括快件延误、丢失、损毁和内件不符。其中：①快件延误是指快件的投递时间超出快递服务组织承诺的服务时限，但尚未超出彻底延误时限；②快件丢失是指快递服务组织在彻底延误时限到达时仍未能投递快件，与寄件人有特殊约定的情况除外；③快件损毁是指快递服务组织寄递快件时，由于快件封装不完整等原因，致使快件失去部分价值或全部价值，与寄件人有特殊约定的情况除外；④内件不符是指内件的品名、数量和重量与快递运单不符。

　　有下列情形之一的，快递服务组织可不负赔偿责任：①由于寄件人的责任或者所寄物品本身的原因造成快件损失的；②由于不可抗力的原因造成快件损失的（保价快件除外）；③寄件人自交寄快件之日起满一年未查询又未提出赔偿要求的。

四、主要索赔情形的操作要领

（一）快件延误

1. 快件延误的上报条件

（1）提供清晰、完整的运单照片。

小知识

何为延误件？

（2）填写完整的上报信息。（如果未按上述要求填写，将退回重填）

运单编号			发件日期		年　　月　　日
投诉方			被投诉网点		
投诉类型				姓名	
投诉方	联系人		收件人		
	联系方式			地址	
被投诉方	联系人				
	联系方式			联系方式	
快件内部物品			发件人	姓名	
内部物品价值				联系方式	

（3）电商类快件需提供交易价格、交易截图等能证明品名及价格的有效信息。

交 易 截 图	发　票	送 货 单

（4）与收件人核实收件情况。

（5）上报错分件延误时需要附上正确书写目的地的大头笔书写联照片。

（6）与责任网点协商处理的公告。

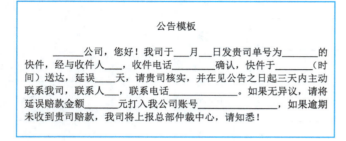

公告模板

　　_____公司，您好！我司于___月__日发贵司单号为_____的快件，经与收件人___，收件电话_____确认，快件于_____（时间）送达，延误____天，请贵司核实，并在见公告之日起三天内主动联系我司，联系人_____，联系电话_____。如果无异议，请将延误赔款金额_____元打入我公司账号_____，如果逾期未收到贵司赔款，我司将上报总部仲裁中心，请知悉！

规范填报调查过程，突出重点，调查过程必须真实、有效

要认真核实延误天数

　　说明：对上报材料不全的，将退回处理，如果退回三次后仍未做处理的，将按材料缺失处理，发件网点不获赔。

2. 快件延误的处理流程

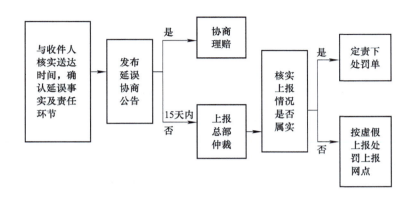

3. 快件延误的理赔原则

快件延误应免除本次服务费用（不含保价等附加费用）。由于延误导致内件直接价值丧失，应按照快件丢失或损毁进行赔偿。（以下是来自某快递公司的赔偿标准，供参考）

发件网点上报延误件的获赔标准：50 元 / 票 / 天，1kg（含）以内单票物品最高不超过 250 元，1kg 以上单票物品最高不超过 500 元，批货、整包件最高获赔款不超过 2500 元。如果实际价值小于最高延误赔偿金额，按实际金额进行赔付。

发件网点发往代理期限网络公司的获赔标准：10 元 / 票 / 天，单票物品最高不超过 100 元，批货、整包件最高获赔款不超过 1000 元。网点公司通过第三方物流转运至下属网点，超出规定转运到达时效的，按 50 元 / 票 / 天进行处罚，该批货最高延误处罚不超过 1000 元。

（二）快件遗失

1. 快件遗失的上报条件

（1）提供清晰、完整的运单照片。

小知识

何为遗失件？

（2）写出发件客户索赔函。（索赔函内容：运单相关信息、索赔理由、索赔金额、发件人签名及本人身份证复印件或单位公章）

索赔函

____年____月____日，_____委托_____快递公司投寄快件，经_____查询，告知我司此快件已确认遗失，现我司要求索赔。

单号：

发件地址：　　　　　　　发件人及电话：

收件地址：　　　　　　　收件人及电话：

内　　件：　　　价　　值：

与贵司理赔部联系并提供相关证件及证明，望贵司尽快核实处理，给予合理赔偿。

谢谢！

联系人：

联系方式：

（3）填写完整的上报信息。（如果未按上述要求填写，将退回重填）

运单编号			发件日期		年　　月　　日	
投诉方			被投诉网点			
投诉类型				姓名		
投诉方	联系人		收件人			
	联系方式			地址		
被投诉方	联系人					
	联系方式			联系方式		
快件内部物品			发件人	姓名		
内部物品价值				联系方式		

（4）电商类快件需要提供交易价格、交易截图等能证明品名及价格的有效信息。

交 易 截 图	发　票	送 货 单

（5）与责任网点协商处理的公告。

公告模板

_____公司，您好！我司于__月__日发贵司单号为_____的快件，经与收件人_____，收件电话_____确认，快件至今未送达，请贵司核实，并在见公告之日起五天内主动联系我司，联系人_____，联系电话_____。如果确认遗失，请将遗失赔偿金额_____元打入我公司账号_____，如果逾期未收到贵司赔款，我司将上报总部仲裁中心。请知悉！

规范填报调查过程，突出重点，调查过程必须真实、有效

说明：上报材料不全的，将退回处理，退回三次后仍未做处理的，将按材料缺失处理，

发件网点不获赔。

2. 快件遗失的处理流程

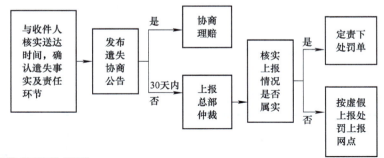

3. 快件遗失的理赔原则

快件遗失赔偿主要包括：①快件发生遗失时，免除本次服务费用（不含保价等附加费用）；②购买保价（保险）的快件，快递服务组织按照被保价（保险）金额进行赔偿；③对于没有购买保价（保险）的快件，按照《中华人民共和国邮政法》《中华人民共和国邮政法实施细则》及相关规定办理。（以下是来自某快递公司的赔偿标准，供参考）

（1）发件网点上报遗失件的获赔标准：

1）1000 元 / 票。

2）批货、整包件遗失最高获赔标准为 10000 元。

（2）发件网点发往代理期内网点公司遗失件的获赔标准：

1）300 元 / 票。

2）批货、整包件遗失最高获赔标准为 5000 元。

（3）罚款方、获赔方手续费支付标准：罚款方按 6% 支付，获赔方按 4% 支付。

（4）任何遗失件的实际价值小于获赔标准的，按物品实际价值支付获赔方。

（三）快件破损

1. 破损件的上报条件

（1）提供清晰、完整的运单图片和破损件照片。

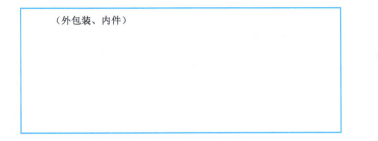
（外包装、内件）

（2）写出发件客户索赔函（索赔函要包含快件单号，详细收、发件人信息，索赔说明，受损内件实际损失金额，附发件单位公章或发件人本人有效证件 / 复印件）。

索赔函

　　____年____月____日，_____委托_____快递公司投寄快件，经_____查询，告知我司此快件已确认破损，现我司要求索赔。

单号：
发件地址：　　　　　　　发件人及电话：
收件地址：　　　　　　　收件人及电话：
索赔说明：　　　　　　　受损内件实际损失金额：
与贵司理赔部联系并提供相关证件及证明，望贵司尽快核实处理，给予合理赔偿。
谢谢！
联系人：
联系方式：

（3）填写完整的上报信息。（如果未按上述要求填写，将退回重填）

运单编号			发件日期		年　月　日
投诉方			被投诉网点		
投诉类型				姓名	
投诉方	联系人		收件人		
	联系方式			地址	
被投诉方	联系人				
	联系方式			联系方式	
快件内部物品			发件人	姓名	
内部物品价值				联系方式	

（4）电商类快件需要提供交易价格、交易截图等能证明品名及价格的有效信息。

交 易 截 图	发 票	送 货 单

（5）与责任网点协商处理的公告。

公告模板

　　_____公司，您好！我司于__月_日发贵司单号为_____的快件，经与收件人____，收件电话_____确认，快件已破损，请贵司核实，并在见公告之日起五天内主动联系我司，联系人_____，联系电话_____。如果确认破损，请将破损赔偿金额_____元打入我公司账号_____，如果逾期未收到贵司赔款，我司将上报总部仲裁中心，请知悉！

规范填报调查过程，突出重点，调查过程必须真实、有效

　　说明：对上报材料不全的，将退回处理，如退回三次后仍未做处理的，将按材料缺失

处理，发件网点不获赔。

2. 快件破损的处理流程

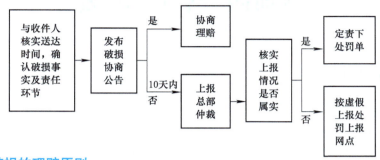

3. 快件破损的理赔原则

快件破损赔偿主要包括：①完全损毁，是指快件价值完全丧失，参照快件丢失赔偿的规定执行；②部分损毁，是指快件价值部分丧失，依据快件丧失价值占总价值的比例，按照快件丢失赔偿额度的相同比例进行赔偿。（以下是来自某快递公司的赔偿标准，供参考）

对于发件网点能提供有效网上交易截图的破损件，按破损程度赔偿，最高不超过500元/票。对于物品灭失、损毁、内件部分遗失的，按实际损失金额赔偿，但最高不超过2000元/票。

对于无正规发票的物品破损，处罚标准如下：

内件破损价值大于等于2000元的实用性的物品，最高赔付1000元；非实用性的物品，最高赔付700元。

内件价值大于等于3000元的物品，参照高价值物品规范操作及破损件判罚标准处理。

活动四 客户开发

学习目标

1. 能独立完成客户信息收集工作。
2. 会筛选客户。
3. 能高效地完成客户调查、洽谈、分析、公关等工作。
4. 能跟踪评估客户并提出有效跟进策略。

工作情境

业务员小峰发现自己管辖服务区域内新搬进一家工厂。假如你是路路通快递公司的业务员小峰，试完成对这家新工厂的客户开发工作。

工作任务

任务名称：客户开发
建议课时：2课时

工作准备

请问，你在进行客户开发活动的时候，需要哪些工具？

工作场所

请问，你会在哪个工作场所进行客户开发活动？

工作安全

请问，你在进行客户开发活动的时候，应该注意哪些事项？

	工作安全	
1）收集客户信息要有效、及时，多渠道开展		2）上门拜访要准时，形象干练，体现公司风貌，携带适量的小礼品
3）与客户洽谈交流要专业、高效，不可虚夸		4）要及时反馈合作情况，并跟进处理

5

收集信息　→　筛选客户　→　调查分析　→　制定方案　→　洽谈公关　→　试行签约　→　跟踪评估

　　客户开发是一项需要多方配合、分阶段进行才能完成的系统工作。对快递产品销售人员来说，它是完成区域绩效目标的重要手段，也是实现自我创收的途径。

一、收集信息

　　客户信息的收集可以通过线上和线下进行。线上主要是通过各类网络平台发布揽件电话，以便客户能快速联系上；线下则可通过投递和揽收快件时，交换名片，也可通过上门洽谈、业务拜访、老客户介绍等手段有针对性地对某区域进行"扫楼"式搜集。业务员收集的客户信息要及时做好记录，以便为后续筛选客户提供有效的参考资料。在收集过程中，难免会遇到一些挑战或障碍，作为业务员需要提前做好功课，才能应变自如。

情境描述	处理方法
上门拜访，保安不让进	
客户关注度不高（例如，回应冷淡）	
客户感兴趣，想进一步了解	

客户信息收集表

客户名称		地址			
客户类型		联系人		联系电话	
客户规模		寄件类型		均寄件量	
服务要求	快递类型	安全要求		速度要求	价格要求
	（如隔日达）				
备注					

二、筛选客户

　　作为快递产品的销售人员，对客户资料要细看、多问，通过对客户种类、产品业务类型、日常快件流量、通过竞争对手交寄量、客户联系人员、相关人脉关系等情况进行比较，确定潜在目标客户。

三、调查分析

对于列入走访清单的目标客户，要综合多方因素（例如快递服务需求情况、客户规模、竞争对手服务情况、企业组织结构等）进行排序，确定调查计划。在出发之前，务必准备好宣传资料、资费手册、合同样板等业务资料，启动走访。对于一些大客户，则需请求上级领导协同走访，这样成功概率会高些。

调查项目	调查内容	分析内容
速递需求	基本经营状况	近年的盈亏情况
	产品特点	文件／轻抛物／重物
	寄递区域	主要寄递到哪些城市／国家
	业务规模	每月邮件量
	特殊服务	代收货款、一票多件、回单件等

对于已经有固定合作的快递公司的客户，开发起来比较难！如何从竞争对手中抢到生意，需要业务员做好十足的准备。古人云："知彼知己，百战不殆。"

调查项目	调查内容	分析内容
竞争对手信息和服务情况	目前与客户合作的竞争对手数量	各业务收入占比等
	竞争对手给客户提供的产品	时限、价格等
	服务情况	发车准点率、退货处理等
	竞争对手的资源	车辆、网点分布等
	业务提供能力	快件进出量等
	客户对竞争对手服务满意度	满意或不满意的原因
	竞争对手的营销方式	周末打折、薄利多销手段

小练习

情境描述	调查内容
客户是刚起步的淘宝卖家，现在流量不大，意向为月结客户，要求价格适宜	

四、制定方案

结合前期的调查资料，对客户的需求情况进行深入分析后，业务人员应提前制定并撰写详细的合作方案（模板如下）。对于大客户，必要时和上级领导进行商讨，听取其建议，并进一步修订完善方案，以便后续工作开展更加顺畅。

×××的服务方案

一、合作背景

二、合作内容

三、项目可行性

四、合作效益情况

五、项目合作流程

六、相关收费标准

七、售后保障

五、洽谈公关

1. 提前预约准备资料

提前电话预约客户，确定拜访的时间和地点。与客户预约拜访后，准备好必要的拜访资料（例如个人名片、服务方案、业务宣传资料、合同模板等），同时要注意个人礼仪形象（着装整洁，佩戴工牌）。

2. 拜访沟通

业务员在预定时间前到达客户指定的地方，与客户见面问好后，直奔主题，直表来意。在展示合作方案之前，业务员应重点介绍公司的产品类型、服务区域和时限、优惠资费、财务结算等，力求让客户全面了解公司的产品及服务情况，并对公司的服务留下良好的印象，为展开合作方案探讨营造良好的氛围。

 小练习

情境描述	沟通处理
客户：我们和顺丰合作多年，价格贵点儿但速度快，服务好	

在洽谈过程中，如何在有限的时间内进行有针对性和有效的沟通，从而促使合作方案有序展开？业务员应了解客户的关注重点、合作意愿、顾虑因素等，给予客户专业回答或建议。如果当场不能消除客户的异议，就将情况和问题记录在"拜访登记表"里，后续再次拜访，促成合作。如果开展过程中遇到挑战，可向领导请求支援帮助，协同处理。

3. 二次公关

在二次拜访中，双方会就合作提出更多的磋商意见，若出现客户不能立即做出合作决定、需要上一级部门批准等情况，这就需要再次接触和洽谈，应就双方目前暂不能确定的情况，商约下次再进行拜访沟通的时间。同时，建议客户试行走件。

六、试行签约

在洽谈良好的情况下，根据客户寄递的特点，设计适合的产品线路和业务资费，建议客户先行试走公司服务产品，以实际运作体验公司的服务质量。

在客户试件2~3天后，业务员应对快件投递情况做简要的书面分析说明，包括妥投率、延误率、退件比例、存在的问题和解决措施等情况，并通过上门拜访或电话交流反馈给客户，以客观事实和数据展现公司的快递产品质量和服务能力，促成客户正式签订合同并开展业务合作。

七、跟踪评估

在签订合同开展业务合作后，业务员要主动跟进服务质量及客户的快件流量，及时发现和处理相关服务问题，主动与客户沟通交流，关注其反映的问题和提出的意见，并跟进处理。

在业务试行一段时间（具体多久视情况而定）后，如果客户的月业务量低于公司规定的绩效指标，出现下降趋势或不稳定状况时，应重新评估业务合作方案，重点分析客户当前使用快递的服务情况（是否有竞争对手加入）、对服务的关注点、服务质量和其他特殊要求等，进一步完善业务流程，采取相应对策，提高客户的满意度。

参 考 文 献

[1] 国家邮政局. 快递业务操作与管理 [M]. 北京：人民交通出版社，2011.

[2] 人力资源和社会保障部教材办公室. 快递业务员：初级 [M]. 北京：中国劳动社会保障出版社，2010.

[3] 人力资源和社会保障部教材办公室. 快递业务员：中级 [M]. 北京：中国劳动社会保障出版社，2010.

[4] 人力资源和社会保障部教材办公室. 快递业务员：高级 [M]. 北京：中国劳动社会保障出版社，2010.

[5] 国家邮政局职业技能鉴定指导中心. 快递业务员（初级）快件处理 [M]. 北京：人民交通出版社，2009.

[6] 国家邮政局职业技能鉴定指导中心. 快递业务员（初级）快件收派 [M]. 北京：人民交通出版社，2009.

[7] 国家邮政局职业技能鉴定指导中心. 快递业务员（高级）快件处理 [M]. 北京：人民交通出版社，2009.

[8] 李育蔚. 快递人员岗位培训手册 [M]. 北京：人民邮电出版社，2012.

[9] 梁华. 快递人员业务实操速查手册 [M]. 北京：人民邮电出版社，2010.